Bernard Raquin

Les styles de personnalité

Apprendre à les reconnaître

jouvence
EDITIONS

Du même auteur aux Éditions Jouvence

Maîtrisez vos scénarios de croyances, 2004
La réconciliation, 2003
Ne plus se laisser manipuler, 2003
Pratique de l'auto-hypnose, 2002

Collection Pratiques Jouvence

La compassion pour seul bagage,
Rosette Poletti & Barbara Dobbs, 2004
Les émotions, mode d'emploi, Christel Petitcollin, 2003
Scénario de vie gagnant, Christel Petitcollin, 2003
La Communication NonViolente au quotidien,
Marshall B. Rosenberg, 2003
La réponse apaisante au stress,
Vito Mariano Cancelliere & Francis de Riba, 2003
Repères pour un monde meilleur, M. & Ph. Olivetti, 2002
Donner du sens à sa vie, R. Poletti & B. Dobbs, 2002
La résilience, R. Poletti & B. Dobbs, 2001
Le bonheur, ça s'apprend, Pierre Pradervand, 2001
Développer le meilleur de soi-même,
Olivier Nunge & Simonne Mortera, 2000
L'estime de soi, R. Poletti & B. Dobbs, 1998
Croire en soi, Marie-France Muller, 1997

Catalogue Jouvence gratuit sur simple demande.
ÉDITIONS JOUVENCE
Suisse : CP 184, CH-1233 Genève-Bernex
France : BP 7, F-74161 Saint-Julien-en-Genevois Cedex
Site internet : **www.editions-jouvence.com**
E-mail : info@editions-jouvence.com

Maquette & mise en pages : Éditions Jouvence
Dessin de couverture : Jean Augagneur

ISBN 2-88353-361-X

Sommaire

INTRODUCTION

L'immense désir de comprendre ses semblables

« D*ÉCIDÉMENT, je ne te comprendrai jamais!* » Que de fois avons-nous prononcé cette phrase, devant des attitudes qui nous semblent illogiques, incohérentes? Avec certaines personnes, tout est simple, nous nous comprenons à demimot. Avec d'autres, des quiproquos succèdent aux vexations. Frustrés, nous nous expliquons longuement ou renonçons au dialogue. Parfois, nous sommes certains de n'avoir pas commis d'erreur et ne connaissons pas l'origine du malaise. Et pourtant, ce n'est pas faute de se répéter, encore et encore, sans obtenir le moindre résultat! Pourquoi certains semblent-ils réfractaires aux conseils et prennent-ils un malin plaisir à recommencer les mêmes erreurs? Inlassablement, nous cherchons à comprendre, parce qu'une grande partie de notre équilibre, de notre vie affective et professionnelle, dépend de notre entente avec les autres.

Et s'il existait un moyen accessible de mieux connaître ses semblables, en acceptant leur manière de s'exprimer, en détectant leurs motivations, leurs attitudes, leurs probables réactions ? Ainsi, nous pourrions réduire les conflits, améliorer les échanges… et nos relations avec les aspects « étranges » de nous-mêmes.

En découvrant la logique des autres, nous comprenons mieux nos propres mystères. Nous découvrons alors les « sept piliers de la sagesse humaine », qui nous permettent de mieux comprendre la condition humaine.

Bébé, déjà...

DÈS LE PLUS JEUNE ÂGE, nous constatons que les réactions de papa sont différentes de celles de maman, des grands-parents. Frères et sœurs, oncles et tantes, voisins, instituteurs, camarades de classe ne réagissent pas comme nous. Nous sommes obligés d'apprendre de manière empirique, en commettant beaucoup d'erreurs, pour obtenir le biberon ou les soins nécessaires, pour savoir comment se comporter avec le grand-père plus indulgent que la grand-mère ou avec la voisine gentille et le gardien sévère. Notre confort et, parfois, notre survie dépendent de nos capacités d'adaptation. Il est indispensable de pouvoir identifier rapidement les gens que l'on croise, amis, neutres ou ennemis, et de connaître leurs réactions pour s'adapter.

Le plus souvent, nous nageons dans le brouillard, obligés de déduire des règles à partir de comportements épars et changeants, alors qu'il existe des réactions-types, des caractères qui répètent le même scénario, identifiables, prévisibles.

N'importe quelle personne en contact avec les animaux a constaté leurs profondes différences, dès la naissance. Chacun peut le vérifier en côtoyant des chiens, des chats, des vaches, des porcs, des rats, des dauphins et d'autres mammifères. Certains aiment les câlins, d'autres préfèrent la solitude. Certains sont rigoureux, d'autres plus fantaisistes. Certains sont bagarreurs, d'autres solitaires, dociles ou indépendants…

Je me souviens d'un ami dont le père était tailleur. Bébé, il était exposé dans un couffin dans le couloir, devant l'atelier. Chacun l'embrassait, le prenait dans ses bras, lui faisait des risettes. Les bébés ont besoin de bisous, n'est-ce pas ? Eh bien, cet homme, à cinquante ans, se souvenait avec horreur de ces agressions ! Il aurait préféré qu'on se contente de lui parler, après avoir vérifié s'il était disponible.

Rendez-vous dans une crèche et observez les enfants. L'un dessine, l'autre essaie de construire une maison avec des cubes, un autre est toujours dans les bras de la puéricultrice, l'autre se chamaille avec tout le monde…

Finalement, une question se pose : avons-nous un type originel, irréductible, dès la naissance ? Les tentatives d'éducation collective, religieuse ou politique, n'ont jamais pu en venir à bout. Ce type originel peut-il être amplifié par l'éducation ou, au contraire, être masqué ?

Imaginons un enfant qui ne tient pas en place (Créatif) avec des parents qui aiment l'ordre, les devoirs bien faits, les horaires réguliers (Organisateurs). Il devra faire un effort considérable pour se renier et s'efforcer de mimer ce qu'ils attendent de lui. Ce n'est qu'à l'adolescence que le Créatif jaillira, à la grande surprise de ses parents déboussolés. Il est vain d'attendre des enfants qu'ils se comportent comme on s'est comporté étant enfant... En revanche, il est possible de les accompagner en les soutenant dans leurs choix et en les orientant positivement en fonction de leurs goûts.

Imaginons également un enfant toujours dans la lune (Méditatif) avec une mère qui le serre trop fort dans ses bras (Affective) et un père qui parle souvent de politique (Opinion). L'enfant n'osera pas se plaindre de l'envahissement de sa mère et ne comprendra rien aux propos de son père. Très tôt, les parents seront convoqués par des maîtres qui ne trouvent pas l'enfant assez impliqué dans ses études. Fidèle à elle-même, la mère l'encouragera, lui donnera beaucoup d'amour. Et, fidèle à lui-même, le père le sermonnera, au lieu de tout simplement lui donner des instructions, aussi souvent que nécessaire.

Prenons l'exemple d'une petite fille Affective (besoin de contacts physiques) avec une mère Méditative (n'aimant pas les contacts physiques) et un père Organisateur (ne pensant qu'à ses devoirs, à bricoler, toujours occupé). Elle se sentira incomprise, parfois rejetée. Elle pourra perdre beaucoup de temps à culpabiliser, à essayer de s'améliorer, simplement par ignorance des mécanismes de base des êtres humains. Contrairement aux sottises diffusées par la psychanalyse, les parents n'agissent pas mal : *ils font ce qu'ils sont*, ils expriment leur nature et ne voient simplement pas comment ils pourraient se comporter. Ils n'ont pas le désir de brimer leurs enfants, mais simplement celui de les éduquer, Toutefois, ils ne savent pas trop comment s'y prendre.

On pourrait passer cent ans sur un divan à regretter d'avoir manqué de câlins, sans rien y changer. Accepter ce qui a été est le premier pas vers la sagesse.

Comment étaient votre mère, votre père, vos frères et sœurs et les différents membres de votre famille ?

Par la suite, en grandissant, nous subissons différents stress, qui nous permettent paradoxalement de progresser, de nous épanouir. La société (ou la vie) exige des adaptations, l'amitié demande des efforts, les objectifs à atteindre imposent des contraintes... C'est ainsi que de grandes périodes de stress peuvent nous obliger à changer de phase, à développer des capacités que nous ne croyions pas posséder.

Tous les aspects de l'humain en chacun

« *Je ne me reconnais plus.* » Lorsque nous sommes en crise, nous nous réfugions dans un autre aspect de nous-mêmes. Les crises positives peuvent révéler, sous l'effet de la pression, des facettes nouvelles de nous-mêmes : réussites, amour, naissance d'un bébé. Chaque expérience émotionnelle très forte fait grandir.

Au cours de votre lecture, vous pouvez **surligner les mots qui vous concernent**, notamment dans la description des différents caractères. Vous pourrez aussi affiner celui de votre partenaire, de vos enfants, prévoir votre prochaine évolution et, surtout, évaluer les besoins psychologiques qui réclament satisfaction.

Considérez une fleur avec six pétales inégalement développés et un cœur. Celui-ci représente l'ultime étape de votre développement, lorsque vous êtes à l'aise, la plupart du temps, avec la plupart des gens et dans la plupart des situations.

La croissance de la personnalité, variable selon chacun :

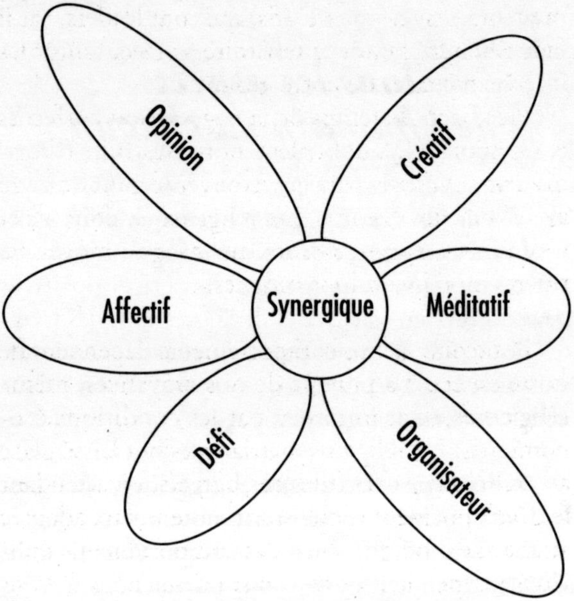

La nature reproduit de génération en génération les mêmes caractères, qui assureront la survie du groupe, en fonction des nécessités du moment.

En général, nous suivons les leaders (Opinions), qui semblent savoir mieux que les autres. Ils permettent d'échapper à l'angoisse de prendre une décision, car ils ont une façon péremptoire de décrire la réalité et veulent toujours indiquer la direction à suivre.

Parfois, ce sont les guerriers (Opinions et Organisateurs, associés aux Défis) qui sont leaders, car il faut défendre tantôt le territoire assiégé, tantôt les intérêts menacés de notre groupe.

Puis, vient le temps de la négociation (Affectifs et Opinions). Il faut finalement reconstruire (Organisateurs), fêter la paix et retrouver le goût de vivre avec l'aide des Créatifs. Les religieux (Méditatifs et Opinions) apportent alors leur aide au moyen de prières ou d'incitations morales.

Beaucoup de nos comportements dépendent de notre espèce. La plupart de nos croyances, même religieuses, sont imposées par les conditions économiques. Les religions matriarcales ont laissé place aux religions patriarcales des bergers, en attendant le développement d'une spiritualité mieux adaptée au monde moderne. Bien des comportements individuels dépendent de mécanismes que nous n'avons pas créés, même si nous pouvons les orienter. À l'intérieur de chaque grand groupe social, la totalité des types sont présents. Par exemple, chez les infirmières (Affectives), on trouvera beaucoup d'Organisatrices, de Méditatives... Chez les commerçants (Affectifs, Organisateurs), on trouvera peu de Méditatifs, car ils souffrent trop du contact.

Bien entendu, tous les aspects humains sont présents en chacun! D'où notre but: rendre notre communication plus fluide envers nous-mêmes et autrui ; mieux élargir le chemin de la vie, dans un esprit de bienveillance.

Faites la liste de vos amis et relations, ce sera très amusant : tous les membres de votre famille, les commerçants, les enseignants, les artistes, le balayeur, les voisins, etc. Au fur et à mesure, marquez leur type de personnalité, en le rectifiant si besoin est.

À la fin de la lecture ce livre, vous serez capable d'identifier leur type et de vous adresser à eux d'une manière appropriée.

Un art millénaire

VOULOIR CLASSER les êtres humains selon leur caractère est un art millénaire. Il semble important de comprendre pourquoi les humains ont toujours voulu classifier leurs semblables. Si cette introduction vous semble trop abstraite, vous pouvez passer directement aux différents types et la lire en dernier.

Homère reconnaissait trois grands types : instinctif, sensible et intellectuel. Hippocrate reprit les travaux de Pythagore, qui avait emprunté quelques éléments aux Assyriens et aux Babyloniens. Il détermina quatre types physiologiques : sanguin, bilieux, lymphatique et nerveux, associés aux quatre éléments : le feu, la terre, l'air, l'eau, et à quatre organes : le cœur, le foie, le cerveau et la rate. Il classa également les individus en fonction de leur physique.

Depuis au moins six mille ans, on assiste à une obsession du classement, afin de comprendre les autres et de se comprendre soi-même. On comprend aisément que celui qui déchiffre les autres a un « avantage technique » considérable.

Pour celui qui voit clair, personne ne ment jamais, mais peu de gens écoutent et observent. Celui qui sait écouter et observer évite beaucoup de pièges. Il est plus souvent gagnant.

Certains tentèrent de déterminer si les caractères étaient liés aux classes sociales ou aux castes : les guerriers, les artistes, les sages, les paysans, les commerçants, les dirigeants… Il semble qu'on retrouve dans toute l'humanité les mêmes fonctions sociales :

✓ politique (Opinion),
✓ guerrier (Opinion, Organisateur),
✓ religieux (Opinion, Méditatif),
✓ artisan (Méditatif, Créatif),
✓ paysan (Organisateur, Méditatif),
✓ berger, scribe, documentaliste (Méditatif),
✓ artiste (Créatif),
✓ éclaireur, commando (Défi),
✓ commerçant (jadis Affectif-Défi, devenu Affectif-Organisateur, le Défi préférant avoir le statut de commercial payé à la commission plutôt que celui de commerçant dans une boutique),
✓ instructeur, précepteur, éducateur (Opinion, Affectif, Organisateur),
✓ soignant (Affectif),
✓ policier (Affectif, Organisateur),
✓ et quelques sages (Synergiques).

Parce que nous sommes des mammifères sociaux, nous sommes amenés à répartir les tâches, en construisant une structure sociale pyramidale : un chef militaire, un chef religieux, puis des travailleurs, des guerriers, des artistes, des éducateurs, etc. Mais ce modèle, valable pour une tribu, est devenu très complexe dans des sociétés urbaines, « travaillées » par de multiples influences et par de nombreux groupes de pression.

Au vingtième siècle, Jung estima que les caractères dépendaient de quatre façons d'appréhender le monde, en fonction de l'intelligence, de l'intuition, de la perception ou de l'émotion. Chaque caractère se dédouble, selon que la personne est introvertie (tournée vers soi) ou extravertie (tournée vers le monde extérieur). Ceci peut être considéré comme une analogie avec le *Yin* et le *Yang* ou avec le principe universel de contraction/dilatation, inspiration/expiration, ouverture/fermeture, découverte/évitement.

Notre caractère est aussi influencé par le sexe, mais d'une manière limitée. Tandis que les hommes aiment se situer les uns pas rapport aux autres, les femmes recherchent davantage l'harmonie du groupe. Ces caractères sont inégalement répartis selon le sexe. Une femme Opinion comprendra facilement un homme Opinion, mieux qu'une femme Méditative ou Défi, par exemple.

Pour Willem Reich, l'analyse caractérielle était fondée sur les trois couches de ce qu'il considérait comme une armure : qui je pense être, qui j'ai peur d'être, qui je suis vraiment. Cette idée peut être reliée à la trilogie pensée-affect-action et à trois façons de se manifester : dehors, dedans, pas du tout. On peut faire le rapprochement avec le concept des trois cerveaux : le cerveau reptilien (l'instinct), le cerveau limbique (les émotions) et le néocortex (le mental), avec les trois caractéristiques physiologiques (les viscères, l'activité musculaire et l'activité mentale), influencées par les trois attitudes possibles face à la vie : être émotif/non-émotif, actif/non-actif, primaire/secondaire.

Alexander Lowen, son élève, détecta cinq types qu'il nomma selon l'esprit de l'époque : schizoïde (Opinion), oral (Créatif), psychopathe (Défi), masochiste (Affectif), rigide (Organisateur). L'idée de base a permis les apports très intéressants de la bioénergie, sans pouvoir cerner, à mon avis, avec une précision suffisante les différents types existants. Le Méditatif, pourtant fréquent, n'est pas perçu et encore moins le Synergique, que l'on croise ou que l'on exprime quelquefois.

Myers et Briggs, William Sheldon, Heysmans, Wiersma, René le Senne et Gaston Berger ont retenu huit types. Taibi Kahler en a retenu six, d'après les « états du moi » de l'Analyse transactionnelle d'Éric Berne. Ce dernier a conclu qu'il existait trois types : l'adulte, le parent et l'enfant. Il s'inspira des trois concepts de Freud : le Ça (Affectif,

Créatif, Défi, Méditatif), le Surmoi (Opinion, Organisateur) et le Moi (Synergique). Comme c'était insuffisant pour décrire l'humanité, Berne l'a vite étendu à six types : l'adulte, le parent normatif, le parent bienveillant, l'enfant soumis, l'enfant rebelle et l'enfant créatif. On peut considérer l'adulte comme un Organisateur, le parent normatif comme un Opinion, le parent bienveillant comme un Affectif, l'enfant soumis comme un Méditatif, l'enfant rebelle comme un Créatif et l'enfant créatif comme un Défi. L'adulte accompli étant le Synergique.

Qu'est-ce qui vous caractérise le plus ? Surlignez les mots qui vous concernent : émotivité, activité, retentissement intérieur.

- ❑ Le passionné est émotif, actif, secondaire.
- ❑ Le colérique est émotif, actif, primaire.
- ❑ Le sentimental est émotif, non-actif, secondaire.
- ❑ Le nerveux est émotif, non-actif, primaire.
- ❑ Le flegmatique est non-émotif, actif, secondaire.
- ❑ Le sanguin est non-émotif, actif, primaire.
- ❑ L'apathique est non-émotif, non-actif, secondaire.
- ❑ L'amorphe est non-émotif, non-actif, primaire.

On pourrait considérer que les apathiques et les amorphes sont assez proches pour appartenir au même type. De même, le sanguin paraît émotif plutôt que non-émotif. Le passionné semble davantage primaire que secondaire.

Là encore, on peut réduire le tout à sept types, étant entendu que nous avons souvent deux ou trois dominantes.

Une autre typologie célèbre, introduite par Graf Dürckeim d'après, dit-on, une méthode des premiers chrétiens et des soufis, est l'ennéagramme, qui distingue neuf types :

- ✓ Le perfectionniste, responsable, efficace.
- ✓ L'affectif, qui aime faire plaisir et aime qu'on l'aime.
- ✓ Le battant, structuré, intéressé par la réussite visible.
- ✓ Le romantique, amoureux des belles choses, un peu renfermé.
- ✓ L'observateur, doté d'un esprit de synthèse et un peu distant.
- ✓ Le loyal, bon participant avec beaucoup d'indécision.
- ✓ L'épicurien, enthousiaste, aimant la vie et fuyant l'ennui.
- ✓ Le chef, qui aime dominer dans tous les domaines.
- ✓ Le médiateur, qui recherche l'harmonie de ses semblables.

On pourrait trouver ici des similitudes entre le perfectionniste et l'observateur, l'affectif et le médiateur et, là encore, réduire à sept ou six types.

L'une des typologies les plus populaires est l'astrologie, qui effectue une division en douze signes dépendant de quatre éléments (l'air, le feu, la terre, l'eau). Mais, comme tous les gens du même signe n'ont pas le même caractère, il faut tenir compte de l'ascendant et de l'influence des planètes, ce qui ne permet pas une identification rapide.

Il serait aussi possible de créer une typologie en fonction des douze principaux méridiens de la médecine chinoise.

Hermann trouva quatre types, en fonction des hémisphères gauche et droit du cerveau, le rationnel et l'intuitif et des « trois cerveaux ». Cela donna : le contrôle, la compétition, l'exploration, la conservation. Là encore, il fallait préciser. Il ajouta la convergence, la direction, l'association, l'action, l'adaptation et l'abstraction.

Ces questions peuvent vous éclairer :

- ❑ Préférez-vous les idées ou l'action ?
- ❑ le sentiment ou le raisonnement ?
- ❑ les humains ou les choses ?
- ❑ l'avenir ou le passé ?
- ❑ le risque ou la sécurité ?

En résumé, la grande majorité des études de caractères distinguent de quatre à douze types.

L'avantage, c'est qu'ainsi, la typologie proposée dans ce livre s'accorde avec la plupart des typologies existantes, notamment celles de Jung, de Berne et de leurs successeurs, et même de l'ennéagramme – ce qui simplifie les comparaisons.

Vérifiez-le en vous amusant pendant plusieurs semaines à approfondir vos connaissances par l'observation. Pendant votre lecture, surlignez les mots qui résonnent en vous.

Les quatre mouvements de base

LES QUATRE MOUVEMENTS de base naturels, partagés par tous les animaux, sont :

1. avancer pour échanger,
2. avancer pour attaquer ou prendre,
3. fuir,
4. rester immobile.

Si l'on détaille, cela donne :

✓ **Avancer pour partager et aimer.**
Affectif – réaction physique : serrer dans les bras, sentir une fleur, communiquer avec les autres, être sensible aux douleurs animales et humaines, remarquer avant tout les gens, avoir le contact facile et chaleureux. Les humains sont au premier plan.

✓ **Avancer pour convaincre.**
Opinion – réaction mentale : voir le monde tel qu'il devrait être et se préparer au combat. Remarquer ce qui ne va pas et expliquer pourquoi, et ce qu'il faut faire pour que cela aille mieux. La croyance fondamentale c'est que le monde n'est pas tel qu'il devrait être. Les humains sont au second plan.

✓ **Avancer pour profiter.**
Défi – réaction physique : chercher quelque chose d'épatant qui va donner des frissons, être impatient d'être le premier à défricher un territoire ou une nouvelle activité, créer des alliances provisoires avec les autres. Contact facile.

✓ **Avancer pour construire.**
Organisateur – réaction mentale : voir le monde tel qu'il devrait être et préparer les plans concrets. Remarquer ce qui ne va pas et se mettre au travail pour l'améliorer. Ne pas supporter l'inactivité. Les humains sont au second plan.

✓ **Avancer pour s'amuser.**
Créatif – réaction physique : chercher ce qui est étonnant, amusant ou scandaleux. Voir ce qui ne va pas pour s'en moquer. Les humains sont au premier plan.

✓ **Rester immobile ou faire le mort.**
Méditatif – réaction mentale : préférer ses propres pensées, être taciturne, réfléchir avant de décider, attendre que les autres donnent l'impulsion. Les humains sont au second plan.

✓ **Être extrêmement adaptable.**
Accumuler de la connaissance, avoir une vision large comme les mammifères supérieurs : être Synergique.

✓ **Fuir.**

Le quatrième mouvement – fuir – concerne tous les types. L'immense majorité de l'humanité est active et réactive, et seule une faible minorité est passive. Je précise que « Passif » ne veut pas dire « fainéant ». Simplement, le Passif (Méditatif) a besoin de beaucoup de temps pour prendre une décision, ce qui réduit son nombre d'erreurs et ses déceptions. C'est pourquoi je considère qu'il est guidé par l'évitement de la souffrance.

Le caractère et son évolution

On n'évolue pas selon le type que l'on a, mais selon une « marelle », un chemin, préétabli. À la naissance, on a une dominante, une tendance principale. Elle peut être développée ou contrariée par ses parents. Au fil des années, une deuxième dominante s'impose et, éventuellement, une troisième ou davantage. Ces « minorités internes » se manifestent lors de crises. C'est une bonne occasion de les identifier, en écoutant nos propres commentaires sur soi ou autrui :

« Je ne me serais jamais cru capable de cela, quelle déception, quelle superbe surprise… Rien n'aurait pu laisser soupçonner qu'il en arriverait là… C'était une personne tranquille, sans histoire, et soudain… Toute sa vie, elle a mené une vie régulière et, brusquement, tout a explosé… On lui aurait donné le bon Dieu sans confession, jamais on n'aurait pu imaginer ce que cachait son masque… Eh bien, c'est étonnant ! cette personne avait des talents cachés, elle semblait si réservée et là, vraiment, elle nous a stupéfaits… »

Les moments où « l'on ne se reconnaît pas » sont les occasions d'identifier les aspects de soi-même qui cherchent à s'exprimer.

Comment développe-t-on un autre aspect ?

Ce qui nous pousse à changer, c'est le désir et le plaisir, le stress et la peur.

✓ **Le désir et le plaisir.**

Par exemple, si un homme Organisateur, très rigoureux, rencontre une femme Créative, très fantaisiste, il peut faire semblant d'être comme elle, jouer un rôle qui durera quelque temps (prendre ses désirs pour des réalités). Ou bien, si sa prochaine étape est de devenir Créatif, il va exprimer cet aspect réprimé de lui-même. Son entourage est très surpris et lui aussi :

« Qu'est-ce qui m'arrive, je suis transformé, jamais je ne me suis senti aussi libre. Je me rends compte que jusqu'à maintenant je faisais fausse route, elle a raison, la vie c'est prendre du bon temps et oublier un peu le travail. »

En général, on tombe amoureux d'une personne représentant la prochaine étape de son propre développement, celle qui nous révèle un aspect de soi-même que nous désirons vivre, sans savoir comment. D'où l'intérêt de prévoir si l'entente sera durable ou non.

À l'inverse, une femme Créative, pour plaire à son homme Organisateur, met des vêtements plus classiques et s'efforce de ranger son appartement. Ses amies s'étonnent :

« Eh bien, dis donc, on n'aurait jamais cru que tu t'habillerais comme ta mère ! »

Si chacun est un échiquier à sept cases, avec des nuances différentes pour chaque case, plus ou moins foncées, cela donne tout de même de nombreuses nuances et de nombreuses variations dans nos communications.

✓ Le stress et la peur.

Le cerveau humain croit souvent ce qu'il craint ou ce qu'il espère. Il aime s'enivrer de pensées agréables et cherche aussi des ressources, pour fuir la peur, si désagréable. Pour éviter cette émotion, il est parfois indispensable d'élargir sa palette. Imaginez un jeune Méditatif en train de chercher du travail. Toute son enfance, il a entendu :

« Secoue-toi, dépêche-toi, fais un effort, ne reste pas allongé dans ta chambre, sors et va voir des copains, mais enfin, réponds, ne sois pas toujours dans les nuages… »

Lorsqu'il se présente devant un employeur, il s'efforce de parler, de se montrer enthousiaste et peut adopter, durant sa journée de travail, le rôle de l'Organisateur. De même, s'il tombe amoureux, il peut se montrer bavard, enjoué, ce qui estomaque ses parents, qui ne l'ont jamais vu comme ça.

Cela explique aussi pourquoi les enfants se conduisent souvent différemment à l'école et à la maison.

La peur d'échouer conduit parfois à changer de dominante, à laisser d'autres aspects de soi-même prendre le contrôle.

Lorsqu'on ne parvient pas à changer, on entre en dépression. La dépression, très naturelle, est un refus d'évolution. Nul n'échappe au rejet, à la perte de l'amour, au deuil, à la trahison, etc. Ces périodes très douloureuses incitent à grandir, à utiliser les capacités de la condition humaine. En général, les anciens comportements ne fonctionnent plus et une personne peut avoir du mal à admettre qu'il lui faut changer, s'adapter, évoluer. Elle n'a pas le choix, si elle veut quitter la souffrance. Mais des mois peuvent s'écouler, des mois d'angoisse, de douleur, de culpabilité, de colère, de désespoir, avant que cette personne ne réalise qu'elle ne peut changer les choses et qu'il faut avancer. Le retour en arrière étant impossible, mieux vaut mettre à jour les besoins psychologiques nouveaux et les satisfaire, pour accompagner le changement. Chacun sur terre est complet, équipé pour vivre la condition humaine.

À la fin de votre lecture, vous compterez tous les mots que vous aurez surlignés dans chacune des catégories. Vous obtiendrez ainsi votre type originel et votre évolution. Bien sûr, cela ne sera pas scientifique dans le cadre d'un ouvrage si court, mais cela vous donnera d'excellentes indications. Dans les prochaines semaines, vous pouvez rester attentif, pour affiner votre étude sur vous-même.

Pour déterminer le type originel (celui de votre naissance), reportez-vous à vos périodes de crise car, dans ces moments-là, on exprime le comportement le plus familier.

Prévoir ses propres réactions et celles des autres

CETTE IDÉE DE CARACTÉROLOGIE, de typologie de styles de personnalité, part d'une hypothèse ou d'un constat déplaisant : nous serions hautement prévisibles. Une personne expérimentée peut déterminer nos réactions et, donc, nous plonger dans un état émotionnel pour déclencher telle ou telle réaction*. Les autres peuvent se servir de nos réactions comme d'une télécommande pour déclencher nos émotions et obtenir quelque chose de nous, à notre détriment.

Nous préférons l'idée d'être très mystérieux, illisibles car disposant d'un libre arbitre, nous rendant spontanés et adaptables. Il n'en est rien, hélas. Bien des gens lisent en nous à livre ouvert, pour nous comprendre et nous soutenir, ou pour nous manipuler et nous piller. Oui, nous sommes prévisibles ! Et c'est ce qui explique le succès de la publicité et de la propagande.

---

* Pour d'autres précisions sur la « démanipulation », comment savoir éviter la plupart des pièges, lire *Ne plus se laisser manipuler*, du même auteur, Genève, Éditions Jouvence, 2003.

Cependant, évitons les jugements de valeur : tous les types sont égaux, indispensables non seulement à l'équilibre de la société, mais aussi à son équilibre interne. Un individu peut fonctionner comme une dictature (un seul aspect aux commandes) ou une démocratie (différents courants contradictoires cherchant un consensus). Le problème survient quand on veut exprimer différents aspects d'une manière simultanée, en même temps, alors qu'il est souhaitable de les exprimer successivement : donner de la place à chaque besoin psychologique. De même, il n'y a pas de mal à être dominé par la peur, la colère ou la souffrance. Les émotions sont des énergies que l'on peut orienter, à nous d'en faire bon usage. Elles peuvent se transformer en plaisir et sérénité.

Maintenant, relions les émotions dominantes avec les notions ouvert/fermé, passif/actif, tourné vers soi/tourné vers les autres. Là encore, surlignez les mots qui vous concernent.

Le degré d'ouverture au monde révèle la personnalité :

← Fermeture maximale **Ouverture maximale →**

Souffrance (recroque-villé)	**Peur (tétanisé)**	**Colère (poings serrés)**	**Plaisir (corps bougeant)**	**Amour (bras ouverts)**

Tourné vers soi ← **→ Tourné vers les autres**

✓ Si l'on veut éviter la peur, on aura tendance à se réfugier en soi-même : Méditatif. On cherchera le plaisir sans dépendre des autres.

✓ Si l'on est dominé par la peur, on voudra tout régenter : Organisateur. On voudra éviter la souffrance d'un monde incontrôlable.

✓ Si l'on est dominé par la colère, on voudra convaincre les autres et changer le monde : Opinion. On voudra éviter la peur, proche du désespoir, devant l'immensité de ce qui reste à accomplir.

✓ Si l'on est dominé par le plaisir, on cherchera le contact pour s'amuser : Créatif. On voudra éviter la colère, qui épuise.

✓ Le Défi est aussi dominé par le plaisir et le cherche à travers la peur.

✓ Si l'on est dominé par l'amour, on aimera le contact avec les autres : Affectif. On voudra éviter la souffrance, y étant très sensible.

✓ Si l'on accepte toutes les émotions, en en tirant profit, en se laissant enseigner par elles, on deviendra Synergique.

Le degré d'activité nuance l'influence des émotions :

← Passivité — Activité →

Méditatif — Créatif — Affectif — Défi — Opinion — Synergique — Organisateur

Prenez-vous des initiatives? Travail, sorties, rencontres, réunions, loisirs, activités sportives, vie familiale…

La résistance au non aide à déterminer votre type:

← Résistance maximale au non | **Peur d'affronter le non →**

Défi – **Synergique** – **Opinion** – **Organisateur** – **Créatif** – **Méditatif** – **Affectif**

Déterminez si vous êtes très, moyennement, ou peu actif, en vous comparant à vos relations:

- ❑ Méditatif: *« Un bon bain, puis une bonne promenade, un bon livre, assis sur un banc et contempler le ciel. »*
- ❑ Créatif: *« Vite, une idée, ras le bol de l'ennui, il faut que je trouve quelqu'un pour m'amuser. »*
- ❑ Affectif: *« Comment va Martine? Cela fait longtemps que je n'ai pas eu de ses nouvelles. Oh, qu'il est mignon ce bébé… »*
- ❑ Défi: *« Je leur prépare un coup fumant, ils vont tous être épatés! »*
- ❑ Opinion: *« Ce gouvernement ne comprend rien, pas étonnant, avec ses méthodes dépassées… »*

❑ Organisateur : *« Quand j'aurais fini de ranger la cave, je peindrais les volets. Ne pas oublier de faire le plein demain matin. »*
❑ Synergique : *« Je finis ce que je commence et j'en suis satisfait. »*

Évaluez votre degré de dépendance (sans jugement de valeur) :

← Dépendance par rapport au monde extérieur **Indépendance →**

Affectif **Créatif** **Organisateur** **Opinion** **Défi** **Méditatif** **Synergique**

Construire un monde

MAINTENANT, imaginons que vous devez construire l'Amérique (ou peupler une nouvelle planète). *« Il faut de tout pour faire un monde ! »*

D'abord arrivent les Défis, ceux qui n'ont pas peur de l'inconnu, qui sont en mal de sensations fortes : éclaireurs, chercheurs d'or, explorateurs, pionniers solitaires, têtes brûlées, avides d'aventures et de fortune, même au péril de leur vie. Certains se retrouveront joueurs de pokers, d'autres auront l'idée de construire une ville en plein désert (avec l'aide des Organisateurs), d'autres encore vendront de la lotion miracle…

Puis arrivent les Organisateurs : groupes de pionniers, paysans, bûcherons, artisans, constructeurs, importateurs… Ils abattent les arbres, défrichent, posent des clôtures, établissent des cartes de la région.

Ensuite, il faut mettre de l'ordre, penser à l'avenir, réclamer l'indépendance : les Opinions deviennent le groupe essentiel (religieux, éducateurs, politiciens…). Les juges (Opinions) donnent des ordres à la police (Organisateur).

Mais ces durs travailleurs doivent se détendre dans les *saloons* et les théâtres, faire la fête, danser, écouter des concerts: les Créatifs deviennent indispensables. Les Organisateurs avaient construit des maisons fonctionnelles, les Créatifs et les Affectifs les embellissent.

Comme il est indispensable d'assurer l'entraide, on constate l'importance des Affectifs: soignants, ambassadeurs, certains religieux et éducateurs. Il faut négocier avec les Indiens. Ceux qui parlent leur langue sont les Affectifs (l'ayant apprise pour communiquer) et les Défis (l'ayant apprise pour faire des affaires).

Et, perdus au milieu de la foule, quelques Synergiques essayent d'éclairer leurs semblables et d'apaiser les conflits...

Toujours sans jugement de valeur, considérez n'importe quelle association, groupe, club, entreprise, société... à la lumière de cette typologie. Notez les noms des membres et, en face d'eux, indiquez quel type vous semble plausible.

❏ Les Affectifs accueillent, réconfortent, apaisent les tensions, harmonisent le groupe. Ils sourient, ont un mot aimable pour chacun et sont toujours disponibles pour rendre service.

❏ Les Opinions dictent les lois et dirigent leurs semblables (en rivalité avec les Opinions d'avis contraire...). Ils n'hésitent pas à provoquer des conflits, même sur des questions de principe.

On les craint un peu, car leur goût pour la polémique est parfois cruel.

- Les Organisateurs appliquent les règles, organisent, gèrent et assurent la prospérité. On les aime bien, mais c'est surtout agréable de savoir qu'ils s'occupent si bien de toutes ces formalités…
- Les Défis se lancent dans des actions spectaculaires. Ils ont des idées originales pour faire rentrer de l'argent dans les caisses, sans trop se soucier de la morale.
- Les Créatifs amusent leurs semblables, détendent l'atmosphère, mais sont toujours un peu dissipés. Il est difficile de se concentrer quand ils sont là.
- Les Méditatifs font le lien avec Dieu et le cosmos, silencieux, n'aimant pas se faire remarquer.
- Parfois, un Synergique trouve une idée ou un projet qui utilisera au mieux l'énergie de chacun.

Incitations culturelles

BEAUCOUP DE PEUPLES favorisent un ou deux caractères, pour des raisons culturelles. La culture valorise certains aspects de soi-même. Les Américains favorisent le Défi et l'Affectif, les Français l'Opinion et le Créatif, les Japonais l'Organisateur et le Méditatif, les Indiens le Créatif et le Méditatif, les Allemands l'Organisateur et l'Affectif, les Italiens l'Affectif et le Créatif, les Tibétains le Synergique et le Méditatif. Pensez par exemple à la « danse des ambassadeurs » : lors d'un cocktail, le diplomate africain, Affectif, s'approche très près du diplomate japonais, Méditatif, qui ne cesse de reculer… ou aux exclamations chaleureuses des Américains en discussion avec un Français râleur…

C'est un cliché et, comme tous les clichés, il est réducteur, mais permet parfois de mieux comprendre les réactions d'autrui.

Pensez aux gens de nationalités différentes que vous connaissez et établissez leur profil psychologique.

Types de personnalité et fictions

DANS LE SUPERBE ROMAN *La ferme des animaux*, de George Orwell, vous pouvez identifier les Opinions (cochons) associés aux Organisateurs (chiens) pour exploiter les Affectifs (poules) et le Méditatif (cheval)…

Vous pouvez aussi constater que Scarlett O'Hara (*Autant en emporte le vent*) est Défi/Opinion, l'homme qu'elle aime est Affectif/Méditatif, alors que Red Buttler, l'homme qui l'aime, est Défi/Opinion, comme elle.

Le Comte de Montecristo, Affectif au début, devient Défi sous l'effet des épreuves. En revanche, Jean Valjean (*Les Misérables*), Défi au début, devient Affectif.

Amusez-vous à constater cela dans les romans et les films. Dans presque tous les cas, les personnages changent de type psychologique au cours de l'histoire. Pour devenir des héros, ils doivent puiser de nouvelles forces en eux, en surmontant les épreuves. C'est l'un des principaux moteurs dramatiques.

Qui êtes-vous ?

SAISISSEZ TOUTE OCCASION de vous définir. Pensez aussi à vos proches, pour mieux communiquer avec eux. Pensez également aux gens que vous ne comprenez pas, ils représentent les aspects moins développés de vous-même.

Fréquenter les gens que l'on ne comprend pas du tout est un raccourci pour le développement personnel. Nous utilisons la plupart du temps trois aspects, un dans la vie quotidienne, un sous stress léger, et l'originel quand nous sommes en crise sévère.

Saisissez l'opportunité de discuter avec une collègue, une voisine, un neveu, dont les attitudes sont incompréhensibles et déterminez son type.

Que ce soient l'habillement, les goûts, les attitudes face à la vie, les comportements de tous les jours, la façon d'accueillir ou d'être accueilli, les mythes personnels, vous pouvez multiplier les occasions d'avoir de bons contacts, d'apprendre, de passer de bons moments, de discuter de sujets passionnants, de mieux comprendre votre nature, de saisir tout de suite ce que veulent les autres.

La satisfaction négative

VOUS ALLEZ AUSSI DÉTERMINER quelle est votre « satisfaction négative ». Lorsqu'on n'obtient pas quelque chose d'une manière positive, on cherche à l'obtenir d'une manière négative. Exemple fréquent : n'arrivant pas à obtenir de câlins, on provoque une dispute, et donc un contact, même frustrant, préférable à l'absence de contact. Un adolescent à qui l'on n'impose pas de limites (qu'on empêche donc de grandir) cherchera à se faire battre, à se faire punir. Il a un besoin impérieux d'être éduqué, c'est-à-dire de connaître les contraintes, le respect et d'en faire son profit psychologique. Il a aussi besoin de rivaliser avec les adultes et les autres. On a le choix entre le conflit ou l'émulation. Il en va de la croissance de l'adolescent comme des jeux : les règles, les contraintes, les interdictions déclenchent le dépassement, nourrissent l'imagination et facilitent la maturité et le plaisir. Taper dans un ballon est lassant, jouer au football est passionnant.

Identifiez vos principales tendances. Vous pouvez surligner plusieurs choix : ce que vous pouvez faire longtemps sans vous lasser ou ce qui vous ressemble le plus. Il n'y a pas de bons ou de mauvais types, tout dépend de l'usage que l'on fait de ses ressources, d'autant que vous pouvez développer les aspects qui vous intéressent.

La réaction physique (le corps réagit avant l'esprit) :

- L'Affectif : c'est le plus intéressé par les contacts physiques, les histoires d'amour.
  Aimez-vous faire partie d'un groupe ? L'amour est-il la valeur suprême ?
- Le Créatif : c'est le plus intéressé par les contacts ludiques.
  Aimez-vous faire rire les autres ? La nouveauté est-elle la valeur suprême ?
- Le Défi : c'est celui qui vit à cent à l'heure et cherche l'adrénaline.
  L'excitation est-elle la valeur suprême ?

La réaction psychique (l'esprit réagit avant le corps) :

- L'Opinion : c'est le plus intéressé par les discussions.
  Aimez-vous qu'un groupe vous écoute ? Les idées sont-elles, pour vous, l'essentiel ?
- L'Organisateur : c'est le plus intéressé par le travail.
  Aimez-vous être responsable de la bonne réalisation d'un projet ? Le concret vous importe-t-il le plus ?

- ❑ Le Méditatif : c'est le plus à l'aise dans la solitude. *Préférez-vous rester seul ou bien fréquenter des gens trop enthousiastes ? La tranquillité est-elle, pour vous, essentielle ?*
- ❑ Le Synergique : c'est le plus difficile à cerner, car il s'est s'adapter.
  La sérénité est-elle l'objectif de votre vie ?

Ce qu'il est bon de faire :

- ❑ Aimer, prendre soin des autres, s'intéresser à leur santé, parler de sentiments, consoler les gens qui souffrent, s'occuper d'animaux ou les défendre. (Affectif)
- ❑ S'amuser, faire la fête, blaguer. (Créatif)
- ❑ Travailler, faire des projets et les réaliser. (Organisateur)
- ❑ Rester seul, sans parler, avec peu de contacts, rêver allongé sur le lit, méditer, se promener, accomplir des tâches très soigneusement. (Méditatif)
- ❑ Discuter de grands sujets de société, travailler. (Opinion)
- ❑ Prendre des risques, être casse-cou, faire du *business*. (Défi)
- ❑ Exprimer chaque jour les différents aspects de soi-même ou, au moins, dans le même mois, être attentif à soi et aux autres. (Synergique)

Le matin, après la douche :

- ❑ Passer du temps à se pomponner avec plaisir, à choisir ses vêtements. (Affectif)

❑ Chercher, en soupirant de frustration, des vêtements différents pour avoir un *look* personnel et qui ne soient surtout pas les mêmes que la veille. (Créatif)
❑ Préférer les vêtements classiques et discrets. Cela prend peu de temps car la garde-robe est homogène. (Organisateur)
❑ Peu importe les vêtements, du moment qu'ils soient pratiques. Le choix est alors très rapide car il se fait « à l'aveugle ». (Méditatif)
❑ Adapter les vêtements aux différents groupes fréquentés : être rebelle avec les rebelles, classique avec les classiques, amusant pour faire la fête. (Opinion)
❑ Préférer les beaux et bons vêtements, surtout si vous devez rencontrer des gens qui peuvent faire quelque chose pour vous. (Défi)
❑ Selon l'humeur, avoir une garde-robe allant du classique au fantaisiste. (Synergique)

Votre maison, votre appartement :

❑ Il y a des cadres avec des photos de personnes que vous aimez, des objets rappelant des souvenirs de moments agréables. Il y a de belles couleurs. L'ensemble est assez ordonné. Il y a parfois un côté bonbonnière, voire beaucoup de bibelots. (Affectif)
❑ Il y a des couleurs vives, du désordre, des objets insolites ou utilisés d'une manière inattendue, ainsi que des bibelots amusants et disparates. (Créatif)

❑ L'intérieur est sobre, propre, fonctionnel et confortable. Les livres et magazines sont bien rangés. (Organisateur)

❑ Il y a du bric-à-brac, peu de décoration. Cela reste fonctionnel et spartiate. (Méditatif)

❑ L'intérieur est classique, confortable. Il y a souvent beaucoup de livres, d'objets de différentes cultures. (Opinion)

❑ L'intérieur est assez cossu et négligé, principalement destiné aux personnes qui viennent vous rendre visite, pour que celles-ci pensent des choses formidables sur vous. (Défi)

❑ Il est simple, classique. Il y a peu de meubles et peu d'objets, quelques livres, un décor agréable, sans plus, qui peut changer totalement quand vous refaites les peintures. (Synergique)

Ce qu'on vous dit :

❑ *« Tu as le cœur sur la main, mais tu ne devrais pas te laisser faire comme ça. »* (Affectif)

❑ *« Tu n'es vraiment pas commun ! Mais où vas-tu chercher toutes ces bêtises ? »* (Créatif)

❑ *« Tu ne t'arrêtes donc jamais ? Prends un peu le temps de vivre ! »* (Organisateur)

❑ *« Viens, allez, viens, pour une fois, sors, tu auras bien le temps de finir ton livre. »* (Méditatif)

❑ *« Tu as toujours réponse à tout, c'est parfois pénible, tu veux toujours avoir le dernier mot. »* (Opinion)

❑ *« Tu es la personne la plus gonflée que je connaisse. »* (Défi)

❑ « *Tu as raison, c'est si simple, je n'y avais pas pensé, merci.* » (Synergique)

Le plus important, à vos yeux :

❑ Les gens, le plaisir, l'entente, l'harmonie, l'échange, le partage, la sensualité, l'affection. (Affectif)

❑ Le plaisir, l'originalité, la fête, les bons moments, le temps libre, l'improvisation, les partages avec des gens sympas. (Créatif)

❑ La satisfaction d'avoir mené à bien un travail long et complexe, l'avenir, les responsabilités, les échéances, la ponctualité. (Organisateur)

❑ D'avoir devant soi une longue période de temps libre, sans aucune obligation. (Méditatif)

❑ De changer cette situation, de penser aux réformes qu'il faudrait faire, d'expliquer pourquoi. (Opinion)

❑ De trouver « un truc extra » à faire aujourd'hui. (Défi)

❑ D'être bien avec tout le monde et de réaliser vos rêves. (Synergique)

Le plus insupportable, ce serait :

❑ D'être fâché avec tout le monde, surtout avec les personnes aimées. (Affectif)

❑ Qu'on interdise les jeux, la musique et la fête. (Créatif)

❑ D'être enfermé, sans avoir rien à faire. (Organisateur)

❑ D'être obligé de parler chaque jour à des dizaines de personnes. (Méditatif)

- ❑ De voir triompher définitivement de mauvaises idées. (Opinion)
- ❑ D'être condamné à refaire indéfiniment la même chose. (Défi)
- ❑ Peu de choses sont vraiment insupportables, mais le cas échéant, mieux vaut faire bon cœur contre mauvaise fortune. (Synergique)

Le langage du corps :

- ❑ Vous êtes à fleur de peau, écorché vif. (Affectif)
- ❑ Vous sortez de vos gonds facilement. (Créatif)
- ❑ Vous n'aimez pas la sensiblerie. (Organisateur)
- ❑ Vous avez une carapace. (Méditatif)
- ❑ Vous êtes parfois peau de vache. (Opinion)
- ❑ Chacun sa peau. (Défi)
- ❑ Vous êtes bien dans votre peau. (Synergique)

Si vous gagniez soudain une grosse somme d'argent, qu'en feriez-vous ?

- ❑ Je ferais plaisir à tous ceux que j'aime. (Affectif)
- ❑ Je ferais la fête pendant des semaines. (Créatif)
- ❑ Je placerais l'argent pour le faire fructifier. (Organisateur)
- ❑ Je ne sais pas, j'y penserai plus tard. (Méditatif)
- ❑ Je mettrais l'argent de côté pour plus tard. (Opinion)
- ❑ J'investirais sur une affaire en or afin de faire un « gros coup ». (Défi)
- ❑ Je ferais le tour du monde, puis je me rendrais utile. (Synergique)

Quelle phrase vous semble la plus vraie ?

- ❑ Sans amour, la vie est bien triste. (Affectif)
- ❑ Si on ne s'amuse pas, à quoi ça sert de vivre ? (Créatif)
- ❑ Pour les gens mal organisés, la vie est difficile. (Organisateur)
- ❑ Les gens se dispersent trop, ils feraient mieux de réfléchir. (Méditatif)
- ❑ Le plus important, c'est de faire passer ses idées. (Opinion)
- ❑ Vivre vite et ne jamais regarder en arrière. (Défi)
- ❑ Rien n'est important, mais chaque détail est important. (Synergique)

Comment voyez-vous une vie de rêve ?

- ❑ Avoir des amis, des enfants, une maison, un chien fidèle. (Affectif)
- ❑ Jouer, rire, chanter, faire la fête, des repas entre amis et ne pas avoir trop d'obligations. (Créatif)
- ❑ Bien travailler, puis se reposer ; être heureux, après avoir résolu un grand problème. (Organisateur)
- ❑ Marcher, rester proche de la nature, avoir beaucoup de temps devant soi, sans contraintes. (Méditatif)
- ❑ Avoir le confort suffisant et réaliser quelque chose pour ses semblables. (Opinion)
- ❑ Avoir une superbe voiture, une superbe maison avec piscine. (Défi)
- ❑ Vivre une vie de rêve ! C'est exactement ce que je vis aujourd'hui. (Synergique)

En voyage :

- ❑ Je souffre d'être loin de ma famille, mais heureusement, je rencontre beaucoup de gens sympathiques. (Affectif)
- ❑ C'est incroyable tout ce qu'il y a à découvrir, on n'a pas le temps de s'ennuyer. (Créatif)
- ❑ Je fais des choses que je n'ai pas l'habitude ou l'occasion de faire. (Organisateur)
- ❑ Je m'ennuie et il me tarde de rentrer chez moi. Ces déplacements me fatiguent. (Méditatif)
- ❑ Je m'intéresse à la façon de vivre des gens qui m'entourent. (Opinion)
- ❑ Je visite le maximum d'endroits intéressants et je déborde d'activités. (Défi)
- ❑ Tout est bien, une discussion, une visite, un magasin, même le bus. (Synergique)

Vous pouvez aussi raconter (en vous enregistrant par exemple) votre dernier voyage hors de votre ville ou votre dernière activité collective. Puis, en réécoutant, noter ce qui vous a marqué : les gens, les choses nouvelles, l'architecture, les musées, une bonne affaire ou le bien-être de se sentir lié à une culture très ancienne. Vous êtes peut-être intéressé par les gens, les activités, les objets et les monuments, les nouveautés, etc.

Quand vous vous sentez mal :

- ❑ Vous vous demandez pourquoi les autres ne vous aiment pas autant que vous les aimez. (Affectif)

- ❑ Vous en voulez à la terre entière. (Créatif)
- ❑ Vous constatez que les autres n'ont pas assez réfléchi. (Organisateur)
- ❑ Vous préférez rester seul, sachant que le monde est parfois injuste. (Méditatif)
- ❑ Vous êtes déçu, surtout après tout ce que vous avez fait pour les autres. (Opinion)
- ❑ Vous trouvez vite une occupation qui vous fait penser à autre chose. (Défi)
- ❑ Cela ne dure pas, car vous cherchez aussitôt à réorienter cette émotion. (Synergique)

En cas de dispute, de conflit, d'incompréhension, de crise :

- ❑ Vous vous plaignez, vous vous reprochez votre manque de gentillesse, vous faites des efforts, vous êtes déçu par les autres, vous vous en voulez. (Affectif)
- ❑ Vous saviez bien que c'étaient de pauvres imbéciles, vous allez leur dire leurs quatre vérités et vous n'allez plus perdre votre temps avec ces rabat-joie, alors qu'il y a tant de gens sympas à connaître. (Créatif)
- ❑ Vous ne comprenez pas pourquoi ils prennent les choses avec tant d'émotion, presque de l'hystérie. *« Décidément, ces incompétents nous mènent droit dans le mur ! »* Vous cherchez un projet que vous allez réaliser seul, sans dépendre de quiconque. (Organisateur)
- ❑ Vous vous enfermez dans votre coquille en attendant des jours meilleurs. (Méditatif)

- ❑ Décidément, ils n'ont rien compris. Vous allez leur montrer de quel bois vous vous chauffez. (Opinion)
- ❑ Cela n'a aucune importance, demain ils seront calmés et si cela vous chante vous retournerez les voir. Ils n'auront pas le courage de vous chasser. (Défi)
- ❑ Vous prenez du recul, pensez aux erreurs que vous avez pu commettre et, si ce n'est pas le cas, vous cherchez un moyen d'être bien et de rendre quelqu'un heureux. (Synergique)

– 1 –

L'Affectif

TOUJOURS PRÊT à rendre service, aimable, chaleureux, vrai soutien durant les périodes difficiles, l'Affectif n'est vraiment heureux qu'avec ses amis ou en groupe, Il donne la priorité aux humains et non aux projets et aux choses. Il aime l'échange, l'affection, les belles histoires d'amour, le sourire, la joie de vivre, le plaisir sous toutes ses formes, y compris alimentaires (il a souvent quelques rondeurs !).

L'Affectif est sans doute celui qui sauve l'humanité ou celui qui réussit, à force de prières, de suppliques, d'amour, à arrêter la main des massacreurs.

Ce qu'il pense de lui-même : « *Je suis gentil, je suis sensible. Peut-être un peu trop. Mais c'est comme ça que je m'aime.* »

Son souhait profond : « *Que tout le monde s'entende ! Si on met plus d'amour sur terre, les choses s'arrangeront.* »

Son mythe personnel : *« Tout le monde il est beau, tout le monde il est gentil. »* Souvent déçu, jamais découragé. L'être humain est naturellement bon.

Ce qu'il redoute : L'exclusion, le rejet, la solitude, un monde froid, technique et robotisé, la guerre. La vie sans sentiments est vide de sens. Il a peur de faire du mal aux autres, même involontairement.

Les émotions qui l'animent : L'amour et la souffrance. L'amour, pour aller vers les autres, s'inquiéter d'eux, les protéger, les aider. La souffrance quand il n'y parvient pas, quand on le rejette, quand on est ingrat ou quand on abuse vraiment de lui.

Ses besoins psychologiques : Il a besoin d'affection, de tendresse, de câlins, de massages et de félicitations pour ses qualités humaines et cherche des gens qui l'aiment. Il a besoin de donner, d'aller vers les autres, d'être d'accord. Il recherche l'harmonie et la douceur. Ses principaux besoins sont d'aimer et d'être aimé. S'il ne les obtient pas, il est malheureux.

Une personne Affective peut divorcer si elle sent qu'on ne l'aime pas. Elle peut abandonner une vie confortable pour suivre ses sentiments. Si l'ambiance au travail est pesante et froide, elle préfère gagner moins dans une entreprise plus chaleureuse. Elle préfère partager un plat de spaghettis avec des amis sincères que d'aller dans un grand restaurant guindé.

La question secrète qu'il pose au monde: « *Suis-je digne d'être aimé?* » Son inquiétude s'apaise par des mots gentils et des marques d'attention. Quand il se sent aimé, il comble ceux qui l'aiment. Son bonheur est de faire plaisir.

Sa zone de sécurité: Les émotions, plutôt que le raisonnement, les jugements ou le silence. Tous ses problèmes proviennent d'un manque d'amour.

Ses qualités: Il est souriant, chaleureux. L'Affectif est quelqu'un qui vient spontanément au-devant d'autrui. Il se soucie vraiment des autres et les écoute, surtout ceux qui ont du cœur ou ceux qui ont des problèmes. Aimant la paix, il cherche à arrondir les angles, à voir le bon côté des gens, non pas par rapport à leurs opinions mais par rapport à leurs qualités humaines. Il est la personne idéale pour être ambassadeur ou intermédiaire, après les conflits ou pour les éviter. Quand une équipe a des problèmes durables, allant de conflit en conflit, c'est là le signe qu'elle manque de personnalités de type Affectif.

Ses réactions: Il réagit aux sentiments, est guidé par le besoin d'amour, le désir de plaire, la crainte de faire du mal.

Son comportement: À l'école, il est très populaire, il a beaucoup d'amis et est apprécié des enseignants. Il a peu de problèmes liés à la discipline.

Il croit que les autres, comme lui, ont un bon fond. Il fait donc beaucoup d'efforts pour les comprendre, les aimer, leur pardonner, les soutenir, les aider et les réconforter. Il prend de leurs nouvelles, s'intéresse à eux, se souvient du prénom de leurs enfants.

Il veut être considéré comme une personne, et non pas par rapport à sa fortune ou à sa fonction. Il considère les autres comme des personnes. Il est mal à l'aise dans les conversations trop sérieuses.

Son langage : L'Affectif utilise beaucoup de mots en rapport avec les émotions, les sensations, l'appréciation, la sensibilité. Il pense et dit du bien des autres.

Comment lui parler ? Avec ce qui touche le cœur, ce qui est beau, utile, généreux. Il convient de s'intéresser à ce qu'il ressent ; de reconnaître ses qualités humaines, son sourire, sa disponibilité, son esprit d'équipe ou son sens de la famille. Il est sensible aux petites attentions : un mot gentil plutôt qu'un long discours, un bouquet de fleurs plutôt qu'une théorie. Il souhaite être important en tant que personne, non pas pour ses résultats ou actions. Mieux vaut l'accueillir de manière aimable, souriante, personnalisée.

Ce qu'il faut éviter : Il déprime si l'ambiance est mauvaise, lorsque les relations sont pesantes, conflictuelles. Il n'aime pas le ton froid, les relations trop professionnelles, administratives. Pour lui faire un reproche, mieux vaut utiliser un ton désolé, compréhensif, plutôt que celui du prédicateur ou du sermonneur.

Sa position hiérarchique : Il n'aime pas être le chef ; c'est une fonction très stressante pour lui. S'il est dans l'administration, il pratique le *leadership* amical au détriment de l'efficacité. Il répugne à donner des ordres et, plus encore, à faire des reproches. Il aimerait que les gens comprennent ce qu'ils ont à faire, sans qu'il ait besoin de le leur dire. En cas de conflit, il somatise très vite, devient dépressif. Il n'aime pas non plus être loin des autres, car la solitude le fait dépérir. Il préfère l'accueil, le relationnel et ne pourra donc pas travailler en solitaire.

Sa motivation : Il aime qu'on soit attentif à son humeur, qu'on le remercie pour sa gentillesse. Les compliments l'enivrent.

Comment réagit-il en cas de crise ? Trop ému, il ne comprend pas l'origine du problème et s'en veut. Il ne pense pas d'emblée aux conflits d'intérêt, aux rapports de force, mais plutôt aux paroles malheureuses. Il en déduit que c'est de sa faute. Comme il est très sensible à l'ambiance, il se demande d'abord pourquoi les gens sont si mesquins, égoïstes, pourquoi rien ne marche, puis fait des efforts pour être aimé. Mais quand il se sent mal, il multiplie les erreurs qui amplifient son désarroi.

Sa satisfaction négative : Il essaie d'entraîner les autres vers sa zone de sécurité – les émotions – pour se faire plaindre ou bien remonter le moral. Parce qu'il pleurniche et geint, il se fait rejeter par les autres, passe ainsi du rôle habituel de Sauveteur à celui de Victime.

Que faire en cas de crise ? Il a besoin d'être rassuré, qu'on se préoccupe de sa douleur, de ses problèmes… et d'en parler longuement. Le contact se rétablit par l'affection. Il est ensuite possible de l'orienter vers les solutions : en y mettant du sien, tout peut s'arranger !

☞ La meilleure façon de développer en soi l'aspect Affectif, c'est d'exprimer ses émotions, d'embellir son appartement, de se soucier des autres, de rendre service, d'envoyer des mots gentils ou de passer des coups de fil « juste pour prendre des nouvelles »…

Quel ami ou membre de votre famille allez-vous appeler maintenant ? Avec qui allez-vous déjeuner ou dîner cette semaine ?

– 2 –

Le Créatif

JOYEUX, boute-en-train, changeant, surprenant, original, irréductible, indiscipliné. Ses ancêtres ont toujours eu une place à part : chamans, puis bateleurs, troubadours, montreurs d'ours, danseuses, acteurs, musiciens, bouffons du roi... Un monde sans eux ? Inutile d'y songer, on périrait d'ennui.

Ce qu'il pense de lui-même : *« Je suis différent. Les autres ont de la chance de me connaître ! »*

Son souhait profond : *« Si les gens arrêtaient de se prendre au sérieux, la vie serait plus drôle. »*

Son mythe personnel : *« Heureusement que je suis là pour dérider l'ambiance ! »*

Ce qu'il redoute : L'ennui, la réalité plate, la routine, la banalité, les chiffres, les corvées...

Les émotions qui l'animent : Le plaisir et la colère. Plaisir de faire rire, d'étonner, d'innover, de s'enthousiasmer, de râler contre tous les oppresseurs. Colère contre les obstacles placés sur sa route par les innombrables pisse-froid et sinistres.

Ses besoins psychologiques : Il a besoin de réagir, de marquer son territoire, de se situer par rapport à l'environnement. S'il est seul dans la nature, il jouera avec une marmotte ou un oiseau. Il a un très fort besoin d'être en désaccord, ce qui provoque nombre d'incompréhensions. Parfois, on croit qu'il est en opposition, alors que c'est sa manière de s'exprimer. Par exemple, il dira « pas mauvais » au lieu de « bon », « pas mal » au lieu de « bien ». Il ne supporte pas l'uniformité. Souvent, il suffit de reconnaître sa place de contestataire pour le calmer : *« Il est nécessaire d'apporter un point de vue critique, je vous en remercie. »*

Mieux vaut éviter de lui confier la réalisation concrète d'un projet trop lourd. Il a besoin d'être marginal, de se différencier, d'aller à contre-courant. Il plaît à l'Affectif, amuse le Défi, exaspère l'Opinion (qui l'envoie pourtant sur les barricades à sa place) et surtout l'Organisateur, trop structuré pour lui. Comme il aime se faire remarquer, il n'hésite pas à déformer, exagérer. Il déteste être mis dans une case, étiqueté, catalogué. *(Si vous pensez n'appartenir à aucun des types décrits dans ce livre, vous êtes sans doute un Créatif...)*

Peu doué pour les longues discussions qui « prennent la tête », il préfère les onomatopées et les exclamations, voire les grossièretés. Il va à la rencontre des autres pour s'amuser ou découvrir des choses nouvelles, mais il quitte le groupe s'il ne se passe rien. Si l'Opinion aime le changement pour ce qui va suivre, le Créatif aime le changement pour le changement.

Sa zone de sécurité : L'agitation. Que ce soit pour plaisanter, s'exclamer, maudire, remuer du vent. Ce besoin d'agitation peut être canalisé par la création sous toutes ses formes.

Ses qualités : Il est spontané, joyeux, heureux, amical, accueillant, inattendu, original, pas fiable dans la durée. Mais il est le meilleur ami quand il s'agit de se dérider, de sortir d'une période morose, de retrouver le moral.

Ses réactions : Il a besoin de passer à autre chose, pour ne pas refaire ce qu'il a fait la veille.

Il dépend beaucoup de l'environnement, qui peut l'enthousiasmer ou le déprimer, même d'une minute à l'autre.

Sa sensibilité aux critiques : Il n'aime pas qu'on le traite de rabat-joie, de moraliste, qu'on lui donne des ordres, qu'on mette des obstacles devant son plaisir exubérant.

Manipulable ? Oui, si on lui fait croire qu'il est unique, original, incroyablement différent. Il peut se faire escroquer par une personne en apparence « très sympa, drôle, vraiment marrante ».

Ce qu'il est prêt à sacrifier : Une bonne situation s'il s'ennuie et toute relation qui ronronne.

Sa place dans le groupe ? Toujours à la périphérie du groupe, prêt à en faire partie si on le remarque, prêt à s'en aller en claquant la porte si cela devient monotone. Il est susceptible, mais pas rancunier (à la différence de l'Opinion, de l'Organisateur).

Comment le reconnaître ? Il s'habille avec des couleurs vives et originales. Il aime le désordre et faire la fête. Il aime se singulariser. Les hommes sont débraillés avec plus ou moins de recherche. Ceux qui sont obligés de mettre des cravates en choisissent des fantaisistes, très visibles. Les bijoux des femmes sont exubérants, bon marché ; leur maquillage peut être excentrique. Il recourt à des tatouages, *percing*, donne à ses cheveux une coloration voyante…

Son langage : Il utilise les mots et expressions à la mode, beaucoup d'onomatopées, de vulgarités, un langage cru, des expressions joyeuses et humoristiques. Il emploie beaucoup de « oui, mais » parce que les choses ne sont jamais comme elles paraissent être. Il fait souvent des objections.

Comment lui parler? Utilisez les nouveautés, l'inattendu, les émotions. Plaisantez (il est, avec le Défi, le spécialiste de l'humour). Soyez spontané, peu sérieux. Éveillez sa motivation en cherchant les aspects ludiques de la vie. Accueillez-le de manière personnalisée, si possible avec une boutade.

Que faut-il éviter? Le ton froid, la monotonie, les règlements trop stricts, les tâches répétitives, les remontrances et sermons, le monde des hommes en gris.

Sa position hiérarchique: Il est l'un des plus mauvais chefs – dépassé sur ce point par le Méditatif. Il manque de suivi, répugne les efforts nécessaires pour accomplir une œuvre de longue haleine, préfère être enseignant, artiste, artisan ou même commerçant, pourvu que « ça bouge ». Il faut lui laisser le droit d'être en désaccord, s'il n'entrave pas la bonne marche de l'équipe.

Que faire en cas de crise? Laissez-le digérer. Puis rentrez en contact avec lui plusieurs fois, de manière ludique, jusqu'à ce qu'il se déride. Confiez-lui une tâche nécessitant de la créativité. Reconnaissez sa différence et montrez ce qu'il gagnera en la mettant au service des autres.

☞ La meilleure façon de développer en soi l'aspect Créatif est de s'entraîner à l'humour, d'ajouter de la fantaisie dans le choix de ses vêtements et de ses ornements, de se comporter d'une manière inattendue, d'innover dans ses activités, de rajouter des couleurs vives dans son appartement, d'aller voir des comédies... Au bout de quelques semaines, vous constaterez que s'amuser fait du bien et vous trouverez moins insupportables tous ces Créatifs bavards, « pouffant », s'agitant...

– 3 –

L'Organisateur

RIEN N'EST PLUS SATISFAISANT que de savoir qu'on a été utile, qu'on a fait du bon travail, qu'on a participé à l'amélioration de la gestion et mené à bien ses responsabilités : tel est l'Organisateur.

Castor ou fourmi, peu importe : toutes les merveilles ont été construites par ses semblables : les pyramides, la muraille de Chine, les cathédrales, mais aussi les villes, les systèmes d'irrigation… Ce sont aussi ses ancêtres qui ont inventé l'écriture, l'algèbre, l'observation des astres, la logique…

Son souhait profond : *« Si chacun fait comme je le dis, on se rapprochera de la perfection. »*

Son mythe personnel : *« Aïli, aïlo, je m'en vais au boulot ! Le travail, c'est la vie. »*

Ce qu'il redoute : Le désordre, l'anarchie, les débordements affectifs, les surprises, un monde sans repères.

Les émotions qui l'animent : La colère et la souffrance. La colère parce que rien ne va vraiment comme cela devrait aller, et la souffrance devant tout ce qu'il reste à accomplir.

Ses besoins psychologiques : Le besoin de faire des projets, de les mener à bien, de réaliser les choses, de structurer le temps, de préparer l'avenir, de trouver des solutions, de donner des instructions, de construire, d'apprendre et d'enseigner, d'être respecté et d'enseigner le respect.

Sa question secrète : *« Suis-je vraiment utile ? »* Il souffre lors d'un divorce ou d'un licenciement, parce qu'il a fait tout son possible pour que les choses aillent bien.

Ses qualités : Il aime le travail. Perfectionniste. Ponctuel, respectueux des horaires et des hiérarchies. Efficace et fiable. Il fonde son opinion sur des faits, influence donc les autres qui l'écoutent avec attention. Il est très dévoué à sa famille, à son entreprise, à son Église, à son club. Il va vers les autres pour concrétiser des projets ou si c'est nécessaire pour redresser une ambiance désastreuse. Il reste mal à l'aise dans les bavardages inutiles, les rencontres informelles. Il n'aime pas perdre son temps ni faire des déclarations grandiloquentes.

Sa zone de sécurité : le travail. Parfois trop. Une équipe sans Organisateurs n'existe pas !

Ses réactions : Il est guidé par le sens du devoir et le besoin impérieux de finir ce qu'il a commencé, d'entreprendre et d'améliorer.

Manipulable ? Oui, par les compliments liés à ses capacités intellectuelles, son sens de la responsabilité et sa compétence professionnelle. L'Affectif peut ainsi lui faire faire son travail en se montrant penaud, maladroit et inférieur. Il peut aussi faire le travail lui-même, plutôt que de le confier à un Créatif, qu'il juge peu fiable.

Ce qu'il est prêt à sacrifier : Ses sentiments et, surtout, tous les amusements, pour être à la hauteur de ses responsabilités.

Sa place dans le groupe : Il n'est jamais loin du sommet. Il se range du côté des leaders, s'il les juge efficaces. Sinon, il s'allie avec le contre-leader en attendant de pouvoir renverser le leader. Il agit dans l'intérêt du groupe plus que dans le sien. Mais il n'est pas un leader pur, car il aime les discussions qui font avancer les choses et non les discussions générales.

Comment le reconnaître ? Il est bien habillé, classique, élégant, conventionnel, sans fantaisie. Il est de compagnie agréable, de bon aloi, sans surprise. Son intérieur est très propre, ordonné.

Son comportement : En retrait dans un premier temps, il observe et attend de savoir comment se comporter par la suite. Si on va vers lui, il est très courtois.

L'école lui plaît : bon élève, studieux, il a de bonnes notes, est la fierté de ses parents et n'est pas ou peu indiscipliné. Il adore souvent les aspects techniques ou complexes. Il est le plus à l'aise dans le monde moderne des appareils divers, ordinateurs et téléphones, et comprend le langage mystérieux des journaux informatiques ou mécaniques. Il peut discuter longtemps du fonctionnement d'une machine, comparer les performances des voitures. Il aime les compétences, la réflexion intellectuelle débouchant sur du concret, les gens qui ont une vision à long terme. C'est un grand amateur de livres techniques et de bricolage.

Son langage : Il aime les mots et s'exprime bien. Il est parfois compliqué, alambiqué, mais peu vulgaire. Il utilise des phrases à rallonge, sans perdre le fil. Il aime les adverbes et être très précis dans ses explications. Il aime le ton professoral, partager ses connaissances, si la personne veut les mettre en pratique. Très dévoué envers ceux qui cherchent à progresser, il est un excellent maître, mentor, *coach*, enseignant. Consciencieux, il est le meilleur adepte du recyclage et le plus désireux d'améliorer l'autonomie énergétique : éolienne, solaire, etc.

Comment lui parler ? En s'appuyant sur des faits, des projets concrets, qui ouvrent sur l'avenir. En insistant sur la vision à long terme, l'excellence du travail, le sens des responsabilités, la logique. En l'accueillant et lui montrant qu'on est disponible, sans l'envahir. Il apprécie beaucoup la propreté et la netteté.

Que faut-il éviter? De mêler les sentiments au travail, de l'impliquer émotionnellement, de passer du coq à l'âne; la fantaisie, les changements d'humeur, les états d'âme. Il ne supporte pas longtemps de dépendre d'un fainéant, d'un menteur, d'un émotif, d'un indécis.

Sa position hiérarchique: Il est près du pouvoir. Pas nécessairement chef, mais associé au chef. Dévoué plus que comploteur, il estime ceux qui travaillent, construisent, voient loin. S'il se soumet à un chef incompétent en attendant mieux, il ne respecte que le chef qui travaille autant que lui.

Sa motivation: Il a besoin de dates limites, de tâches d'organisation qui demandent de la réflexion. Il se sent très mal à l'aise parmi un entourage de rigolos, de taciturnes, de poètes ou de fantaisistes.

Comment réagit-il en cas de crise? Il devient trop contrôleur, tatillon, méfiant; ne délègue plus, agit seul; dédaigne la logique ou l'intelligence des autres. Il prend sur lui seul l'avenir de l'entreprise, de son club, de sa famille, considérant alors qu'il n'a pas besoin des autres, qu'ils sont une charge qui le ralentit. Il pense qu'il fait mieux les choses et, comme c'est souvent vrai, cela l'incite à ne compter que sur lui lorsque surviennent des difficultés.

Que faire en cas de crise? Si vous avez fait des erreurs, reconnaissez-les. Ne cherchez pas à plaisanter, ni à susciter des émotions, cela risquerait de l'exaspérer.

Sa satisfaction négative: Il s'isole derrière ses dossiers, travaille trop, devient irascible, est obsédé par l'ordre et l'hygiène. « *Les autres sont vraiment des imbéciles, ce qu'il faut faire n'est pourtant pas difficile à comprendre.* » Il se sent trop efficace dans un monde approximatif et s'oblige à tenir le navire pour éviter le naufrage.

☞ La meilleure façon de développer en soi l'aspect Organisateur est d'être ponctuel, de ranger son appartement et ses placards, de respecter la parole donnée, de prévoir à l'avance ce qu'on fera le week-end ou le mois suivant.

Faites une liste de tout ce qui est en retard, ce que vous vous promettez de faire depuis longtemps et qui ne coûte pas trop cher. À côté, évaluez le temps nécessaire, en comptant large. Puis, au travail! En finissant ce qui traîne, vous constaterez que vous commencez à mieux comprendre ces personnes qui semblaient si sérieuses et découvrirez des gens très agréables (l'Affectif est bien dissimulé, mais très présent).

– 4 –

Le Méditatif

DEPUIS SES ANCÊTRES faiseurs de pluie, jusqu'aux fondateurs des religions occidentales (Babyloniens et Égyptiens, dont les concepts de Dieu unique, de résurrection, de vie éternelle ont été repris par les autres religions), le Méditatif est là pour nous accompagner dans les moments difficiles. Ce n'est pas un prédicateur, il n'aime pas pointer un doigt vengeur sur la foule en promettant mille tortures. Non, il est présent, doux, solide, un intermédiaire entre les mondes. Ses ancêtres, ermites et sorciers, connaissaient le langage des oiseaux. Aujourd'hui, il continue à vivre en apesanteur.

Le méditatif pose parfois un problème aux autres, bien malgré lui. On juge, à tort, son silence pesant, son attitude passive et ses réactions trop lentes. Si on le laisse tranquille, si on l'oriente avec clarté et bienveillance, il est parfait. Si vous êtes méditatif, cherchez quelqu'un qui vous apprécie, afin qu'il vous conseille – souvent, on peut vous indiquer ce qui vous convient. Liez-vous aux Affectifs, aux Organisateurs.

Le méditatif est le moins bavard de tous. Comme il ressent beaucoup, les paroles de ses interlocuteurs résonnent en lui, jusqu'à ce qu'il les assimile. Quand on lui pose une question, la réponse peut se faire attendre un peu. Évidemment, le bavard n'attendra pas et passera à autre chose. Si vous êtes méditatif, enseignez à vos amis à ralentir le débit, à vous accorder plus de temps.

Ce qu'il pense de lui-même : *« Je vais y songer… »*

Son souhait profond : Qu'on le laisse tranquille.

Son mythe personnel : *« Le monde est trop risqué, trop compliqué. »*

Ce qu'il redoute : D'être le point de mire, en vedette, ou être envahi par des émotions, même très positives.

Les émotions qui l'animent : La souffrance et le plaisir. La souffrance qui l'encercle, car le monde est bien complexe. Le plaisir qui est en lui et dans la nature et qui permet d'échapper à la forte pression extérieure.

Ses besoins psychologiques : Il a besoin d'être seul et de recevoir des instructions, d'être encadré, de savoir quoi faire et de le faire seul, d'avoir du temps pour lui.

La question secrète qu'il pose au monde : *« À quoi ça sert, tout ça ? »*

Sa zone de sécurité : La pensée. Parfois un peu cosmique, sans début ni fin.

Ses qualités : Il aime les tâches qui demandent de l'attention, est méticuleux. Il supporte la répétition, la monotonie. Imaginatif, créatif, poète ou bucolique, il apprécie la campagne, la nature, la montagne, la méditation, les sports solitaires.

Sa sensibilité aux critiques : Il n'aime pas qu'on le secoue, qu'on lui fasse des reproches trop longs ou, pire, qu'on lui demande de s'exprimer publiquement, notamment sur ses émotions.

Manipulable ? Moins que les autres, car il décide lentement. Il peut par contre se faire manipuler par une personne très insistante, qui le forcera à prendre une décision pour éviter de subir le harcèlement.

Ce qu'il est prêt à sacrifier : La réussite sociale si c'est trop stressant, les promotions, les personnes exubérantes et les gens qui changent d'humeur.

Sa place dans le groupe : Il apparaît comme timide ou réservé. Il attend que l'initiative vienne de l'autre. Il est loyal, dévoué, fidèle. Il se situe plutôt en dehors du groupe, peut rester avec ses amis, sans parler, sans se mêler aux conversations, sans être pour autant mal à l'aise.

Il ne s'ennuie pas, malgré les apparences : il aime de temps en temps écouter le babillage des Affectifs, les bêtises des Créatifs, les vantardises des Défis, les idées toutes faites des Opinions…

Comment le reconnaître ? Il est habillé souvent n'importe comment : vêtements démodés, mal assortis. La femme se maquille rarement. Son intérieur est fonctionnel, souvent spartiate, avec des meubles disparates.

Son comportement : À l'école, on le jugeait difficile à éduquer, trop solitaire, car on ne comprenait pas son fonctionnement. Il n'avance jamais vers les autres, parle peu, reste à l'écart. Il craint d'être submergé. Il faut le laisser tranquille, accepter qu'il soit taciturne au milieu d'un groupe.

Ayant beaucoup de mal à prendre une décision, il aime être conseillé mais pas brusqué. Montrez-vous disponible, sans l'envahir.

Son langage : Ses phrases sont le plus souvent courtes, parfois inachevées, voire confuses.

Comment lui parler : Pour une raison valable, clairement exprimée. Éviter de trop parler. Être intrusif renforce son mutisme. Il a besoin de temps pour répondre. Donnez des instructions précises et laissez-le agir.

Que faut-il éviter ? De le prendre dans vos bras, de crier, de lui demander de l'initiative, de le laisser se débrouiller. Ne l'obligez pas à un long travail d'équipe, il s'épuiserait. Il préfère ne pas changer souvent d'activités et n'aime pas être payé aux résultats.

Sa position hiérarchique : Il est à l'écart. Il ne se bat pas pour le pouvoir et ne prend parti qu'en dernier ressort. Il préfère les professions ou activités indépendantes : artisan, ingénieur, chercheur, jardinier…

Sa motivation : Il a, plus que d'autres, besoin d'espace vital. Il faut qu'il puisse décider du moment où il entre en contact avec autrui.

Comment réagit-il en cas de crise ? Il s'isole, communique encore moins, tourne en rond, ne sait comment en sortir : solitude et désespoir larvé.

Que faire en cas de crise ? Allez le chercher car il a du mal à s'en sortir par lui-même. Rappelez que votre confiance est bien placée, puis expliquez ce que vous attendez de lui, en peu de mots. Évitez le contact émotionnel ou l'appel à l'action, laissez-le prendre son temps et sortir du trou à son rythme.

S'il tente de vous entraîner dans son silence, dites-lui : *« Réfléchis à ce que tu souhaites faire maintenant et viens m'en parler dans une heure. »*

Sa satisfaction négative : Il se réfugie en lui-même, puis se sent seul au monde. Il s'arrange pour se faire ignorer des autres, ce qui renforce ses convictions profondes sur la vanité des choses. Il apprécie parfois le *spleen* ou la déprime.

☞ La meilleure façon de développer en soi le côté Méditatif est de prendre plaisir à la solitude : se promener, lire, écouter un disque, contempler les nuages, monter une maquette de bateau modèle réduit. Sans oublier, bien sûr, les activités favorites des Méditatifs : la méditation, la prière, le yoga, l'écriture…

– 5 –

L'Opinion

L'Opinion représente une petite minorité, entre 5 et 10 % de la population. Il n'a pas peur d'avoir tort aux yeux de la grande majorité, car il est persuadé d'avoir raison, au fond. Cela lui donne un atout, car l'écrasante majorité des gens ont peur d'avoir tort. Celui qui est le plus proche sur ce point est le Défi, qui se moque d'avoir tort, du moment qu'il atteint le but fixé.

L'Opinion est quelqu'un capable de mentir (presque aussi bien que le Défi) et de soutenir avec une parfaite mauvaise foi des thèses opposées, à quelques semaines d'intervalles. Vous l'avez deviné, les politiciens sont des Opinions, capables de dire n'importe quoi pour se justifier. Leurs ancêtres se battent depuis longtemps pour imposer leurs dieux, leurs superstitions, leurs idéologies, leurs mœurs, couvrant la terre de cadavres… mais enfin, qui veut la fin veut les moyens !

Qui se rend compte que l'Opinion a tort ? Tous les autres ! Mais beaucoup continuent à le suivre en lui donnant tort, en se justifiant à leurs yeux pour garder une bonne image. Parce que les leaders savent qu'ils ont parfois tort, ils s'abritent derrière de grands concepts : Dieu, l'idéal, la révolution, les nécessités économiques... Leurs vrais ennemis ne sont pas les masses, mais les Opinions qui ont un avis différent.

Ce qu'il pense de lui : *« Je crois, J'ai raison. »*

Son souhait profond : Réformer le monde et le marquer de mon empreinte.

Son mythe personnel : *« Grâce à moi, la vérité sera révélée. »*

Ce qu'il redoute : Être pris en flagrant délit de contradiction entre les idéaux qu'il professe et ses comportements. De découvrir, un jour, qu'il a provoqué le contraire de ce qu'il souhaitait.

Les émotions qui l'animent : La colère, parce que le monde n'est pas conforme à ses désirs et résiste à la cure qu'il veut lui administrer. Et la peur devant l'immensité de la tâche à accomplir et la petitesse des humains qui le suivent.

Ses besoins psychologiques : Avoir des valeurs, des croyances, des causes et les défendre. Il a besoin de se situer face au monde, de marquer l'environnement, de donner des instructions, une impulsion, de convaincre. Il a besoin d'être d'accord et, surtout, en désaccord sur des opinions – c'est pourquoi on le confond parfois avec le Créatif –, d'apprendre et d'enseigner, de s'imposer, de prendre le pouvoir, d'être vénéré ou craint.

Sa question secrète : *« Ont-ils bien conscience de mon importance ? »*

Sa zone de sécurité : Les idées et surtout pas la réalité, qui s'efforce toujours de ruiner ses plus belles théories.

Ses qualités : Il aime le débat d'idées, les idéologies, les concepts. Il fonde son opinion sur les gens en fonction des valeurs auxquelles ils croient. Il apprécie la compagnie de ceux qui pensent différemment, s'il peut discuter et marquer des points. Il se montre loyal et dévoué si les autres agissent selon ses valeurs et combat violemment ceux qu'il conteste. Il méprise les gens qui n'ont pas d'opinions ou qui trahissent leurs valeurs… sauf si c'est pour adhérer aux siennes.

Ses réactions : Il est guidé par l'idée qu'il existe quelque part un modèle idéal du monde, de l'homme, de la femme, de l'enfant, de la société…

Manipulable ? Oui, par les idées. Il peut se faire avoir comme un débutant par quelqu'un qui feint de croire la même chose que lui. Il forme souvent la grande cohorte des militants déçus par le comportement de leurs chefs, qui trahissent leur projet dès qu'ils ont conquis le pouvoir.

Ce qu'il est prêt à sacrifier : Beaucoup, si c'est le prix à payer pour que triomphent ses idées.

Sa place dans le groupe : Il aime briller, être reconnu, apprécié. Comme il veut être chef, il est le plus durablement dangereux et peut entraîner, au nom du bien, des foules entières dans des massacres. Il a besoin de canaliser son énergie pour rester animateur et non tyran. Sa tendance naturelle est d'éliminer les contre-pouvoirs, ses ennemis, par tous les moyens.

Comment le reconnaître ? Il est souvent bien habillé, classique, cultivé. Il peut s'habiller à la mode « rebelle » non pas par fantaisie, mais pour s'opposer à un certain ordre des choses. S'il veut conquérir un groupe, il peut en adopter le mode vestimentaire et le langage. Il vit dans un appartement propre, correct et, s'il en a les moyens, très bourgeois avec des œuvres d'art.

Son langage : Il a des idées et des jugements sur tout. Il classe les gens, les situations et le monde selon des critères moraux, religieux ou idéologiques. Ce sont des estimations, des appréciations, des commentaires permanents. Il utilise un beau langage, aime les phrases bien construites et se définit par rapport au présent comme un progressiste ou un traditionaliste, selon ce qui l'arrange. Habile rhétoricien, il peut marier les paradoxes et effacer d'un bon mot ses contradictions.

Comment lui parler ? En recourant aux idées, opinions, à ce qui est respectable, utile aux autres, aux grandes discussions sur de vastes sujets. Mieux vaut reconnaître les valeurs qu'il défend, même si vous ne les partagez pas, ne contester ses idées qu'en vous appuyant sur des faits. Il préfère la joute verbale à la mollesse. Il se bat pour ses idées, ce qui le conduit souvent aux postes de commandement. Mais comme il est le plus têtu, il finit souvent par l'emporter… même s'il risque de finir en prison ou fusillé.

Que faut-il éviter ? De lui donner des ordres si vous n'êtes pas en mesure de le faire ou s'il ne respecte pas vos choix. Mieux vaut éviter l'opposition systématique et les grandes discussions quand ce n'est pas le moment, le défier inutilement : il est de loin celui qui est capable de parler le plus longtemps, avec le plus d'acharnement. Il est aussi le plus rancunier. 90 % des leaders sont de ce type (les autres sont des rois, donc héréditaires, ou des politiciens promus à l'occasion d'une longue période de paix civile).

En cas de pouvoir héréditaire, il est inévitable qu'un héritier, tôt ou tard, soit incompétent et déclenche des troubles. Les démocraties modernes ont ainsi enlevé tout pouvoir aux rois, qui se contentent d'être de coûteux symboles. Contrôler les idées, c'est contrôler les humains. D'où les féroces batailles de propagande depuis le début des temps. C'est sans doute une des raisons qui expliquent que, très tôt, les humains ont jugé qu'il était nécessaire de séparer le religieux du politique (sorcier et guerrier) car si un même homme détient tous les pouvoirs, la catastrophe est assurée. Le monde, les masses sont des terrains où s'affrontent les différents Opinions de la terre.

Pensez à n'importe quel leader et constatez que ce sont les idées qui dirigent les femmes et les hommes, qui à leur tour dirigent le monde. *« Au commencement était l'opinion, l'interprétation. »* Bien sûr, chacun va moduler selon les autres aspects plus ou moins développés de sa personnalité. Un Opinion/Affectif sera plus soucieux de ménager les autres qu'un Opinion/Défi.

Sa motivation : L'idéal est que son travail soit au service de ses valeurs. Il entend mettre en avant des idées altruistes, sociales, le bien de tous, l'évolution de la société. Mais c'est là une tactique pour gagner le pouvoir ou augmenter son influence. Ne vous étonnez donc pas s'il trahit sans hésiter ses idéaux pour garder le pouvoir. Il pourra se justifier à l'infini, expliquera que, même en faisant le contraire de ce qu'il faisait la veille, il a entièrement raison.

Comment réagit-il en cas de crise? Il s'en prend à tout le monde, parce qu'il se sent trahi. Prophétise. Il devient intolérant, maudit ses ennemis et jure de se venger. Il travaille beaucoup, dévalorise les autres et donne de grandes leçons de morale, attend patiemment de prendre sa revanche.

Que faire en cas de crise? L'idéal serait de réaliser quelque chose qui exprime vos valeurs fondamentales, aider les autres, créer des projets qui apporteront des bénéfices à vos proches ou à la société. S'appuyer sur le sens du devoir pour retrouver une vision à long terme est le meilleur moyen de sortir de la crise. Celle-ci est comme une énergie bouillante qui cherche une issue pour éviter l'explosion.

Sa satisfaction négative: Sous des apparences de Sauveteur, c'est souvent un Persécuteur. Il veut changer le monde par la persuasion ou la force. Comme il souhaite le bien général, il s'étonne qu'on lui résiste, puis s'en scandalise. Il devient vite intolérant, veut faire le bonheur des autres malgré eux en imposant sa loi. Il se fait rejeter à cause de ses déclarations intempestives et obtient ainsi la justification de son splendide isolement.

☞ La meilleure façon de développer en soi le côté Opinion est de discuter des grands sujets de société ou de se fixer des objectifs au service des autres, de s'intéresser à la politique, de prendre une initiative exceptionnelle.

– 6 –

Le Défi

IL IMPRESSIONNE, car il n'a pas froid aux yeux, et rien ne l'arrête. C'est celui qui rentre par la fenêtre après avoir été mis à la porte. Il exaspère par son côté frimeur et fascine par sa capacité d'adaptation. Il aide aussi à se dépasser, car ce sont ses semblables qui inventent les sports inouïs et font reculer les limites du possible. Il fait partie d'une longue lignée de têtes brûlées, qui ont fini millionnaires… ou bagnards.

Ce qu'il pense de lui : *« Moi, je peux le faire ! »*

Son souhait profond : Être riche, si possible vite, sans trop se fatiguer. Ou vivre à fond, sans temps mort.

Son mythe personnel : *« Je me débrouille bien mieux tout seul. »*

Ce qu'il redoute : L'ennui, la routine, l'étroitesse.

Les émotions qui l'animent : Le plaisir et la peur. Plaisir de vaincre sa peur, de chercher des sensations fortes et de s'en amuser.

Ses besoins psychologiques : Il a besoin de nouveauté, d'excitation, de découverte, d'aventure, de défi, de montée d'adrénaline, de rivalité avec des gens du même type. Il aime la belle vie, les voitures de sport. Il résiste bien au stress et au refus et peut encaisser les reproches. Très insistant, malin et vif, il est un modèle pour enseigner à transformer les obstacles en ouvertures.

Sa question secrète : « *Est-il vrai que la plupart des gens mènent une vie sans intérêt ?* »

Sa zone de sécurité : L'action, étourdissante.

Ses qualités : Il a beaucoup de culot et de sens de l'à-propos. Il est persévérant et aime les défis difficiles. De compagnie très agréable, chaleureux, il a toujours des histoires à raconter.

Ses réactions : Il est guidé par l'excitation, la nervosité. Il est capable de patience si l'enjeu est important.

Sa sensibilité aux critiques : Moins sensible que les autres. Il n'accepte les critiques que de ceux qui l'épatent, ceux qui sont plus casse-cou que lui. Il aime apprendre d'eux et les fréquenter.

Manipulable ? Moins que les autres. Il peut être manipulé par la cupidité, quand on lui promet des gains rapides, ou par l'esbroufe, quand il veut prouver qu'il est bien malin comme on le dit.

Ce qu'il est prêt à sacrifier : Tout, si cela lui permet d'obtenir le grand frisson.

Sa place dans le groupe : Plutôt solitaire, il est pourtant à l'aise en groupe. Il s'intéresse aux autres, en fonction de ses intérêts du moment. On peut le confondre avec un Affectif, car il est chaleureux, et avec un Créatif, car il a beaucoup d'esprit. Mais il ne donne pas gratuitement.

Comment le reconnaître ? Ses vêtements sont souvent luxueux ou de « style baroudeur » pour impressionner. Les femmes aiment le maquillage et les bijoux de luxe un peu voyants ; les hommes portent souvent une montre de prix, une chaîne en or, une gourmette... Il aime l'action, les activités dangereuses, hors du commun. Il n'aime pas les longues explications ni la philo ou la psycho. Il préfère le « m'as-tu-vu » pour épater la galerie. Son intérieur est cossu ou, s'il n'a pas les moyens, il expose ses rêves : coupes sportives négligemment posées, affiches de motos, de héros, photos de lui en compagnie d'un Maître.

Son comportement : À l'école, il connaît quelques problèmes de discipline, car il s'ennuie vite. Comme il se fait passer pour un Affectif ou un Créatif, il est très populaire. Il va vers les gens, aime les charmer, mais ne tient pas en place. De compagnie très agréable sur le court terme, il a besoin d'un constant renouvellement. Ambitieux, il préfère réussir en quelques mois plutôt qu'après de longues années.

Son langage : Il emploie des phrases courtes, actives. Avec de l'humour, de la sensualité, de la séduction, des exclamations. Il a beaucoup d'idées.

Comment lui parler ? Il préfère le langage direct, imagé, actif. Il accepte les instructions, mais brèves, en lui laissant toute marge de manœuvre. Il a besoin de délais à tenir. Ce qui tient en éveille ses émotions : l'inédit, ce qui éblouit, ce qui demande de l'héroïsme ou du courage.

Que faut-il éviter ? La banalité, la routine. De le laisser agir seul, sans instructions. S'il est capable de créer une entreprise, il doit vite s'associer aux Organisateurs pour en assurer la pérennité.

Sa position hiérarchique : Homme des coups de main, des coups bas, des opérations commandos, spéciales, il est idéal pour affronter les défis impossibles, notamment dans le domaine commercial. Il est donc indispensable au « chef ». Mais il faut le contrôler, pour qu'il n'en fasse pas qu'à sa tête.

Lorsqu'il sera possible d'aller sur une autre planète, nul doute que les premiers volontaires seront, pour l'essentiel, des Défis !

Ses motivations : Si vous êtes Défi, cherchez des perspectives qui sortent de l'ordinaire, que ce soit dans votre travail ou dans vos loisirs. Entrez en rivalité avec des gens du même style, qui vont déclencher une émulation bénéfique.

Comment réagit-il en cas de crise ? Il préfère se débrouiller seul et quitter le navire, quitte à lâcher les autres. Usant de charme et de bluff, il oublie les scrupules et manipule les autres.

Sa satisfaction négative : Quand il se fait rejeter par les autres pour leur avoir menti, il cherche de « nouvelles poires », de nouveaux frissons.

☞ La meilleure façon de développer en soi le côté Défi est de dominer ses peurs en faisant des choses physiques (grande roue, parapente…) et d'apprendre à résister au non. Il y a sans doute cinq ou six choses que vous « n'osez pas » faire. Commencez par la plus facile. Vous connaîtrez l'immense plaisir du frisson, puis celui de surmonter la peur. Vous jugerez alors moins sévèrement les Défis et pourrez même partager leur frénésie de brûler la chandelle par les deux bouts.

– 7 –

Le Synergique

LE SYNERGIQUE est celui qui s'adapte à toutes les situations, pas forcément pour les accepter, mais en attendant de pouvoir agir. Il peut communiquer avec la plupart des personnes, en comprenant leur langage et leurs comportements. Depuis la nuit des temps, le Synergique est considéré comme un sage. Il a laissé derrière lui la colère, la jalousie, la haine. Évidemment, étant indépendant, il vit de peu. Mais il dispose d'une immense liberté intérieure, qui le rend insubmersible.

Vous pouvez vous entraîner à développer le Synergique. Au début, vous ferez des erreurs, puis vous serez de plus en plus à l'aise. Vous connaissez peut-être déjà des périodes, de quelques heures ou quelques jours, durant lesquelles tout est fluide : les événements s'enchaînent facilement, les problèmes, à peine créés se résolvent, les contacts sont agréables et enrichissants, la vie s'ouvre, pleine de promesses. On appelle cet instant magique le *momentum*, quand le monde et les gens conspirent pour vous rendre heureux, quand les coïncidences se mettent à votre service, quand le hasard vous apporte les solutions sur un plateau d'argent.

Identifiez ces périodes, pour les développer. Remarquez ce que vous vous dites dans ces moments, quelle est votre attitude, quels sont vos sentiments dominants et vos actes. Modélisez ce *momentum* pour un faire un modèle de vie. On ne trouve pas d'enfant Synergique, à part dans quelques moments de grâce.

Ce qu'il pense de lui : *« Je suis une goutte d'eau dans l'océan, mais chaque goutte est importante. »*

Son souhait profond : Se réaliser, exprimer ses rêves, mourir sans regrets.

Son mythe personnel : *« L'être humain est fait pour vivre le meilleur. »*

Ce qu'il redoute : Manquer de temps pour atteindre sa réalisation.

Les émotions qui l'animent : Toutes, selon les moments, mais surtout le plaisir et l'amour, la curiosité, la joie de vivre, l'enthousiasme.

Ses besoins psychologiques : Connaître l'être humain pour atteindre la sérénité, relativiser les problèmes, pour consacrer son énergie à construire un monde meilleur, s'amuser, apprendre et mourir avec la conviction d'avoir fait ce qui était juste, sans nuire à quiconque.

Sa question secrète : *« Si rien n'a de sens, quel est le sens que je choisis ? »*

Sa zone de sécurité : Le sentiment d'éternité, la joie de vivre.

Ses qualités : Il est aimable, curieux, à l'aise dans tous les milieux. Il juge les actes, pas les gens.

Ses réactions : Il concrétise ses projets, guidé par une vision globale.

Sa sensibilité aux critiques : Il est peu sensible. Soit il ne se sent pas concerné, soit il accepte d'être imparfait et saisit une occasion de s'améliorer.

Manipulable ? Très peu, car il attend moins des autres et voit clairement leurs attentes. Il ne craint pas la flatterie, la peur, la colère, les illusions. Il ne sacrifie jamais ses valeurs pour des biens matériels. Il ne se renie jamais.

Ce qu'il est prêt à sacrifier : Son confort immédiat pour la paix de l'esprit.

Sa place dans le groupe : Facilement adaptable, difficile à classer, il peut rester presque silencieux avec un Méditatif, discuter longuement avec un Opinion, puis blaguer avec un Créatif, etc.

Son comportement: Comme il accepte les autres, il suscite peu de sentiments de rejets. Il a beaucoup de charisme, sans même avoir besoin de parler.

Son langage : Un langage sans particularités, variable, plutôt élégant, souvent poétique.

Comment lui parler ? Comme il vous plaît : c'est lui qui s'adapte et non son interlocuteur.

Que faut-il éviter? De le harceler…

Sa position hiérarchique : Ayant réglé ses problèmes psychologiques, il n'est plus intéressé par le pouvoir. Il peut jouer le rôle de conseiller, sans se prendre au sérieux. Il ne se bat pas pour les honneurs, mais plutôt pour aider quelqu'un, anonymement.

Sa motivation : Il a les énergies des autres caractères, est capable de s'amuser, de travailler efficacement et de rendre service. Il a les pieds sur terre avec une dimension spirituelle.

Comment réagit-il en cas de crise ? Il y reste très peu, car il connaît ses besoins psychologiques et a appris à les satisfaire.

Sa satisfaction négative : Il ressent parfois une pointe d'orgueil, vite oubliée.

☞ La meilleure façon de développer le côté Synergique est de développer tous les autres côtés de soi-même. En repérant les moments où vous vous sentez dans le flot de la vie, où tout est juste, vos actes autant que vos paroles, vos pensées. Votre esprit conscient et votre inconscient s'accordent. Le bonheur est alors une évidence, à portée de main.
Peu à peu, les vrais rêves s'expriment, les faux conflits se dissipent, pour laisser place à la personne que vous êtes vraiment, authentique, en quête de la totalité humaine.

Maintenant, comptez les mots que vous avez surlignés. Combien y a-t-il de mots liés à l'Affectif ? Au Créatif ? Au Méditatif ? À l'Opinion ? Au Défi ? Au Synergique ? Discutez-en avec vos amis, établissez votre profil, ceux des autres. Aucun n'est meilleur qu'un autre. Si vous enviez le type de vos amis, c'est qu'il est en train de se développer en vous.

Dessinez la fleur de votre personnalité, avec des pétales plus ou moins grands. Le pétale représentant votre type de naissance aura la taille maximale et le plus petit correspondra au type que vous comprenez le moins.

Bonne route !

Bibliographie

BERNE Éric, *Des jeux et des hommes*, Paris, Stock, 1984.

BERNE Éric, *Analyse transactionnelle et psychothérapie*, Paris, Payot, 1977.

JUNG Carl Gustav, *Les types psychologiques*, Paris, Éditions Georg, 1997.

MINTO Arlo Wally, *La roue des relations*, Genève, Éditions Jouvence, 2001.

PALMER Helen, *L'ennéagramme*, Annemasse, Éditions Vivez Soleil, 1995.

RAQUIN Bernard, *Ne plus se laisser manipuler*, Genève, Éditions Jouvence, 2003.

Contacter l'auteur

BERNARD RAQUIN
organise des séminaires
de développement personnel.

Pour recevoir le programme, écrivez-lui à :
BP 168 – 75224 Paris CEDEX 05
Ou visitez son site web :
www.bernard-raquin.com

Du même auteur

Maîtrisez vos scénarios de croyances, Genève, Jouvence, 2004.

Rendez-vous avec l'intuition, Paris, Trédaniel, 2004.

Comment sortir de son corps, Paris, Trajectoire, 2004.

Ne plus se laisser manipuler, Genève, Jouvence, 2003.

La réconciliation, Genève, Jouvence, 2003.

Développez votre humour !, St-Jean-de-Braye, Dangles, 2003.

Rire pour vivre, les bienfaits du rire, St-Jean-de-Braye, Dangles, 2003.

Le jeu des vies antérieures, avec Mark Kucharz, Paris, Exergue, 2003.

Pratique de l'auto-hypnose, Genève, Jouvence, 2002.

Messages de l'après-vie (témoignage), Agnières, JMG, 2000.

Retrouvez vous-même vos vies antérieures, Paris, Trajectoire, 1998.

Vous pouvez sortir de votre corps, Paris, Presses du Châtelet, 1996.

L'homme de feu (roman), avec J.-G. Imbar, Paris, Carrère, 1987 (épuisé).

La vie est ici (roman), Paris, Mots d'Homme, 1986.

Chouans (novélisation), Paris, Calmann-Lévy, Paris, 1986.

Anti-suicide (essai), avec V. Péchin, Paris, La Table ronde, 1984.

Jésus de Manhattan (roman), Paris, La Table ronde, 1979 (épuisé).

Impression réalisée sur Presse Offset par

BRODARD & TAUPIN

GROUPE CPI

26799 – La Flèche (Sarthe), le 08-11-2004

Dépôt légal : novembre 2004

Imprimé en France